Michael Rossié, *RUHE BITTE! Wir proben!*

Michael Rossié besuchte die Schauspielschule Zerboni in München und übernahm bereits während seiner Schauspielausbildung Regieassistenzen. Er spielte in Klassikern und Komödien, arbeitete als freiberuflicher Regisseur an Theatern und verfasste Drehbücher für Fernsehserien.
Heute arbeitet er als Coach u. a. für Theater- und Filmregisseure, betreut als Sprechtrainer namhafte Filmproduktionen, hält Vorträge und schreibt Bücher zu den Themen Stimme, Sprache und Körpersprache.

Michael Rossié

RUHE BITTE!
Wir proben!

Kleines Handbuch für Regieassistenten

Alexander Verlag Berlin

Originalausgabe
Dritte aktualisierte Auflage 2018
© für diese Ausgabe by Alexander Verlag Berlin 2010
Alexander Wewerka, Fredericiastraße 8, D-14050 Berlin
info@alexander-verlag.com
www.alexander-verlag.com
Umschlaggestaltung: Antje Wewerka unter Verwendung eines Fotos
von Rolf Arnold.

Satz und Layout: Antje Wewerka
Lektorat/Redaktion: Christin Heinrichs. Dank an Katharina Broich.
Die Abbildungen stammen aus dem Privatarchiv des Autors.
Alle Rechte vorbehalten. Jeder Abdruck, auch auszugsweise, nur mit
schriftlicher Genehmigung durch den Verlag.

Printed in the EU (January) 2023
ISBN 978-3-89581-219-4

INHALT

9 Vorwort
11 Einführung

12 **Beruf: Regieassistent**
12 Ausbildung
13 Fähigkeiten
14 Bewerbung
14 Bezahlung
15 Hospitanz
15 Dauer

16 **Theater in der Theorie**
16 Die Vereinbarung
24 Eine Theaterszene
30 Tragödie und Komödie

36 **Schauspielerische Techniken**
36 Anfänge der Regie
37 Stanislawski
41 Strasberg
43 Brecht

46 **Vor der ersten Probe**
46 Sich vorbereiten
53 Die Figuren entwickeln
56 Kostüme
59 Maske
60 Bühnenbild
64 Requisiten
69 Den Stücktext vorbereiten
74 Besetzung

77 **Die erste Probe**
78 Die Leseprobe
81 Probenplan
84 Verpflegung
86 Aufenthaltsraum

87 **Theaterregie**
87 Regie führen
88 *Umgang mit Schauspielern*
95 *Kritik*
98 *Fallen und Fettnäpfchen*
101 Regisseur und Regieassistent
103 Regieassistenz
111 Soufflieren
114 Die Stellprobe
115 Inszenieren
120 *Gesten*
123 Miteinander spielen
128 *Reagieren*
131 *Liebe und Kampf*
134 Dialogregie
134 *Stimme*
136 *Sprache*
138 *Betonung*
140 *Pausen*
142 *Melodie und Subtext*
146 *Pointen*
151 Besonderheiten

154 **Hauptproben**
157 Der erste Durchlauf
159 Bühne und Requisite
162 Maske

162 Licht
165 Ton
167 Der Vorhang

168 **Die Generalprobe**
169 Video
170 Tournee
170 Publikum
171 Verbeugungs- oder Applausordnung

175 **Die Premiere**
176 Die Premierenvorstellung
177 Die Premierenfeier
177 Nach der Premiere

179 **Nachwort**
180 Anmerkungen

    Anhang
184 **Merk- und Checklisten**
184 Erste Probe (Leseprobe)
185 Erster Durchlauf
186 Generalprobe
187 Abstecher und Tourneen

188 **Theaterbegriffe**
198 **Theaterjargon**
200 **Theaterwitze**
203 **Literatur**
206 **Dank**

VORWORT

>*»Ohne einen guten Assistenten bin ich ängstlich.«*
>*Peter Zadek* [1]

Machen Sie eine Ausbildung als Krankenpfleger, erwerben Sie ein Diplom in Psychologie, besuchen Sie einen Heimwerkerkurs, studieren Sie ein paar Semester Literatur und Theatergeschichte, ein wenig Ahnung von Kindererziehung ist auch von Vorteil, am besten noch ein Seminar Zeitmanagement und Organisationsentwicklung, und sorgen Sie dafür, dass Sie sportlich fit sind. Dann noch ein paar Monate in einem fernöstlichen Kloster, wo Sie Demut lernen. Jetzt sind Sie perfekt für Ihre erste Regieassistenz vorbereitet.

Alles Weitere erfahren Sie in diesem Buch.

Darüber hinaus sagt es Ihnen, was ein Regieassistent oder eine Regieassistentin wissen sollte. Wie viele Assistenten fangen jede Woche ihre Arbeit an und müssen sich die Informationen, die sie brauchen, mühsam zusammensuchen. Sie lächeln gequält, weil sie viele Begriffe nicht verstehen, und sie lassen sich für Fahrdienste oder Einkäufe missbrauchen, weil man ihnen sagt, dies sei ihre eigentliche Aufgabe.

Regieassistent ist man manchmal schneller, als einem lieb ist. Aber was macht man dann? Das sagt einem niemand. Wenn man Glück hat, hat man schon ein paar Hospitanzen hinter sich, weiß also wenigstens, was zum Beispiel eine ›heiße Probe‹ ist. Wenn nicht, heißt es sehr oft Spießrutenlaufen und ungerechtfertigte Kritik einstecken.

Und Regieassistent wird man nicht, um es zu bleiben. Assistenten wollen irgendwann Regie führen. Das müssen sie nicht können, das wollen und sollen sie lernen. Aber wer weiß, wie gut der Regisseur ist, bei dem sie arbeiten? Wer weiß, wie viel er ihnen erklärt?

Wer Regisseur werden will, muss wissen, wie Regie praktisch funktioniert. Das herauszufinden, hilft Ihnen dieses Buch, denn es beschäftigt sich ausgiebig mit der Theaterregie.

Regisseure verraten ihre Geheimnisse nicht. Sie erzählen gern über sich, über die Kunst und die politische Dimension bei Schiller und wie sie schon als Kind den Ton angaben, aber sie sagen immer nur andeutungsweise etwas über den handwerklichen Teil der Regie. Von ganz wenigen Ausnahmen abgesehen, sagen sie nicht, wie sie es gemacht haben.

In diesem Buch habe ich all das zusammengetragen, was ich während vieler Jahre als Regieassistent und Regisseur gelernt habe. Es enthält alles, was ich über Theater weiß. Es ist wahrscheinlich noch viel zu wenig, aber es soll denen, die übermorgen ihre erste Probe haben, etwas mehr Sicherheit geben und ihnen zeigen, wie Regie funktioniert und wie es gelingt, aus einer Gruppe Schauspieler ein funktionierendes Ensemble zu machen.

Dieses Buch zeigt Ihnen die Grundlagen. Der göttliche Funke aber, der einen einmaligen Theaterabend schafft, der muss von Ihnen kommen.

Gräfelfing, im Februar 2010   Michael Rossié

EINFÜHRUNG

> »Erster Schauspieler: ›Geh doch mal nach unten und schau, ob ich in der Mitte stehe.‹ Der zweite Schauspieler ging und blieb für immer unten.«
> Beliebte Schauspieleranekdote

Viele große Regisseure haben gegen alle Regeln verstoßen und damit etwas ganz Neues, Einmaliges geschaffen. Für alles, was es in diesem Buch an Tips gibt, gibt es Gegenbeispiele. Es gibt unendlich viele Arten von Theater, und manchmal ist gerade der Regelbruch das Interessantere. Aber Sie sollten wissen, welche Regel Sie brechen.

Ich werde also nicht in jedem Abschnitt darauf hinweisen, dass man alles auch anders sehen kann. Das sei gleich zu Anfang gesagt. Es geht nicht um Vorschriften, sondern um das Bewusstmachen von Gesetzmäßigkeiten, die anschließend voller Lust ignoriert oder unterlaufen werden können. Theater sollte zu jeder Zeit ein kreativer Prozess sein.

Es gibt für Regisseure und Regieassistenten je nach Größe oder Organisation des Theaters ganz unterschiedliche Aufgaben. Gibt es einen Requisiteur oder einen Inspizienten oder einen Souffleur, oder arbeitet er mit einer freien Gruppe und muss alle Aufgaben selbst erledigen? Hier geht es darum, dass ein perfekter Regieassistent im Zweifelsfall weiß, wie er die jeweilige Aufgabe bewältigt.

Jedes Thema habe ich in kurze Abschnitte unterteilt, sodass Sie alles überspringen können, was Sie nicht für relevant halten.
Übrigens dürfen perfekte Regieassistenten ruhig Fehler machen. Perfekt heißt in diesem Fall nicht »alles können«, sondern sich an alles heranzuwagen. Also los! Gleich ist Probe!

BERUF: REGIEASSISTENT

»*Ein kurzes Zwischenwort zu dem anspruchsvollen Begriff ›Regieassistent‹. Selbstverständlich war das damals keine Berufsbezeichnung, und schon gar nicht eine bezahlte Stelle. Meistens wurde dafür ein Schauspieler abkommandiert, der sowieso in dem betreffenden Stück eine kleine Rolle spielte. (...) Ein Regieassistent war damals ›Mädchen für alles‹. Ein bitteres Los. Er musste über alles Bescheid wissen und hatte an allen Orten gleichzeitig zu sein. Alles Undankbare wurde ihm zugeschoben, und er hatte für alles, was schiefging, den Kopf hinzuhalten. Seine Arbeitszeit kannte keine Stunden, und alle durften die Nerven verlieren, nur er nicht. Und das, was ihm sicherlich auf der Seele brannte, nämlich einen Regievorschlag zu machen oder eine Idee zu äußern, das hätte nur eine allgemeine, geradezu minutenlange Sprachlosigkeit hervorgerufen. Dazu war ein Regieassistent nun tatsächlich zuallerletzt da.*«
Regine Lutz [2]

Ausbildung

Normalerweise wird für den Beruf eines Regisseurs ein Studium von sechs bis acht Semestern an einer Hochschule oder Universität vorausgesetzt. Dabei handelt es sich in der Regel um Bachelor- bzw. Diplom-Studiengänge. Außerdem gibt es im Bereich Spielleitung und Regie Aufbau- oder Zusatzkurse bzw. Masterstudiengänge. Das praktische Wissen erwirbt man in der Assistenz. Es gibt auch Regisseure, die ohne Studium vom Regieassistenten zum erfolgreichen Regisseur aufgestiegen sind, oder auch Regisseure, die nie eine Assistenz gemacht haben. Aber das sind Ausnahmen.

Viele Schauspieler oder Studenten der Theaterwissenschaft interessieren sich nach dem Studium für den Beruf des Regisseurs. Und auch erfahrene Schauspieler bekommen oft Lust, sich als Regisseur zu versuchen. Eine private Ausbildung zum Regisseur wird inzwischen auch in vielen Großstädten in Verbindung mit einer Schauspielschule angeboten. Die Ausbildung an Theater- und Schauspielschulen sowie Akademien dauert drei bis vier Jahre.

Regieassistent/in ist ein eigenständiger Beruf, den man ein Leben lang ausüben kann. Oft wird er jedoch als Vorstufe für die Arbeit als Regisseur betrachtet. Die geringe Bezahlung ist oft ein Versprechen auf eine spätere Regie. Regisseure und Möchtegernregisseure gibt es viele, gute Assistenten jedoch wenige. Eine geregelte Ausbildung gibt es in Deutschland nicht. Ein guter Regieassistent muss seinen »Job können«. Für den angehenden Regieassistenten heißt das learning by doing.

In jedem Fall ist es ratsam, vorher selbst Regieversuche zu machen, z. B. bei einer Laienbühne oder in einer Schauspielschule.

Fähigkeiten

Es gibt viele Fähigkeiten, die Sie als Regieassistent mitbringen müssen. Manchmal sucht ein Regisseur einen Privatsekretär, der sich um ihn kümmert (weil er z.B. in einer fremden Stadt inszeniert), manchmal freut sich das Ensemble über jemanden, der gut gelaunt Kaffee kocht und für eine entspannte Stimmung sorgt. Die wichtigste Voraussetzung ist Zuverlässigkeit, unmittelbar gefolgt von der Bereitschaft, anderen Menschen helfen zu wollen. Ein Regieassistent gibt nicht den Ton an, sondern achtet darauf, sich nützlich zu machen.

Bewerbung

Sie können sich bei Theatern, Festspielen oder Tourneebühnen und Regisseuren bewerben. Die Adressen finden Sie zum Beispiel im Internet oder im Deutschen Bühnen-Jahrbuch[3]. Aber auch Amateurtheatergruppen oder Theatergruppen an Schulen sind sehr gut geeignet für den Anfang, da sich die technischen Abläufe einer Aufführung nicht allzu sehr voneinander unterscheiden. Ein Theater beschäftigt einen Assistenten ohne Erfahrung in der Regel nur ungern. Wer Erfahrung mitbringt – und wenn das Theater noch so klein war, bei dem er sie gesammelt hat –, wird bevorzugt eingestellt.

Bezahlung

Regieassistenten werden (meist schlecht) bezahlt. Manchem Regieassistenten ist allerdings die Ehre, dabei gewesen zu sein, Lohn genug. Oft wird die Regieassistenz einfach von einem Praktikanten übernommen und teilweise überhaupt nicht honoriert.

Die vorgeschriebene Mindestgage an Theatern, die Mitglied im Deutschen Bühnenverein sind, beträgt 2.000 Euro monatlich (brutto). In großen Häusern gibt es bis zu 2.500 Euro und für erfahrene Regieassistenten noch ein paar 100 Euro mehr. Theater, die nicht Mitglied im Bühnenverein sind, zahlen weitaus weniger.

Ein guter Regieassistent, der seinen Job kann, sollte also immer versuchen, eine höhere Gage auszuhandeln, denn er ist sein Geld wert: Während eines oft mehr als 14-stündigen Arbeitstages nimmt er dem Regisseur sehr viel organisatorische Arbeit ab, sodass dieser sich ganz auf die künstlerische Arbeit konzentrieren kann.

Für Regisseure gilt dieselbe Mindestgage, doch normalerweise erhält er pro Inszenierung 8.000 bis 10.000 Euro. An einem großen Theater sind auch Honorare von 30.000 bis 40.000 Euro durchaus üblich, und einzelne Regiestars erhalten sogar sechsstellige Spitzengagen.

Hospitanz

Vor allem an größeren Häusern macht man zuerst eine Hospitanz, d. h. ein unbezahltes Praktikum. Man darf bei den Proben dabeisein und zugucken. Mit ein bisschen Glück und wenn man sich gut anstellt, wird man in die Produktion mit eingebunden. Meine erste Arbeit am Theater war die Stelle eines zweiten Hospitanten, die ich vor allem deswegen bekam, weil ich für die Regisseurin Fahrdienste übernommen hatte. Aber gerade durch die Gespräche im Auto habe ich eine Menge von ihr über Theater und unsere Inszenierung gelernt.

Wenn Sie eine Hospitanz absolvieren wollen, wählen Sie den Regisseur sorgsam aus (Sehen Sie sich seine Inszenierungen an!) und sorgen Sie dafür, dass Sie bei den Proben dabei sein können und nicht den ganzen Tag Requisiten besorgen oder Schauspieler abholen müssen.

Dauer

Bevor man nicht ein paar Inszenierungen als Regieassistent miterlebt hat, sollte man sich nicht fest anstellen lassen. So hat man immer noch die Möglichkeit, sich nach der Premiere für einen anderen Beruf zu entscheiden. Erst wenn man weiß, worauf man sich einlässt, sollte man sich längerfristig binden.

Um erste Erfahrungen beim Theater zu sammeln, ist die Tatsache, dass die Probenzeit begrenzt ist, von Nutzen. Mit ein bisschen Glück ist so auch bereits während der Schul- oder Semesterferien eine Mitarbeit möglich.

THEATER IN DER THEORIE

> »Die erste Regel des Theaters ist die,
> dass es keine Regeln gibt.«
> Dario Fo [4]

Bevor ich auf die praktische Arbeit eingehe, ist es wichtig, das Prinzip Theater zu verstehen. Für die Begegnung einer Reihe von Menschen auf einer Bühne mit einer zahlenmäßig größeren Gruppe von Zuschauern gibt es bestimmte Regeln und Gesetzmäßigkeiten, deren Verständnis für das Gelingen eines Theaterabends absolut notwendig ist.

Die Vereinbarung

> »Theater, idealstes Theater und vorbildliche
> Schauspielkunst. Und dabei das klare und immer gegenwärtige
> Bewusstsein, dass alles nur Spiel ist, ein Spiel, das mit heiligem
> Ernst geführt wird, das Zuschauer fordert, Zuschauer,
> die stumm ergeben und andächtig mitspielen.«
> Max Reinhardt [5]

Situationen im Alltag sind kein Theater. Wenn Sie jemanden in einem Straßencafé beobachten oder wenn Sie spielenden Kindern zusehen, ist das kein Theater.

Damit Theater entstehen kann, müssen beide Seiten (Zuschauer und Akteure) eine Vereinbarung treffen. Die Spielenden machen klar, dass sie spielen, aber so tun, als sei es die Wirklichkeit. Die Zuschauer wiederum akzeptieren, dass auf der Bühne ein Spiel stattfindet, aber auch sie tun so, als sei es die Wirklichkeit. Erst wenn diese Vereinbarung zustande kommt, dann ist Theater möglich.[6]

Wird auf der Bühne also etwas Echtes gezeigt (zwei Darsteller verprügeln sich wirklich, oder es wird ein echtes Huhn geschlachtet), so ist das nicht nur kein besonders gutes Theater (wie einige Regisseure vermuten), sondern überhaupt kein Theater. Sobald das echte Huhn geschlachtet wird, wird ein Großteil des Publikums wütend den Zuschauerraum verlassen, weil die Vereinbarung einseitig gebrochen wurde. Auch wenn sich Zuschauer für Ritterspiele mit vielen Kämpfen begeistern, das Wichtigste für sie ist, absolut sicher zu sein, dass niemandem etwas passiert. Sonst hört der Spaß augenblicklich auf.

Zuschauen ist aktiv

> »Die Zuschauer akzeptieren alles, woran
> zu zweifeln sie keinen Grund haben.«
> David Mamet [7]

Wenn der Zuschauer bereit ist, diese Vereinbarung einzugehen – egal ob bei den Profis oder bei einer Laienbühne –, erträgt er später eine Menge, um seine Vorstellung einer realen Situation zu erhalten: Blaue Müllsäcke als Flüsse, ein Haus aus Pappkartons oder Holzstücke als Geigen. Auch wenn die Schlägerei hinter der Bühne stattfindet und der Zuschauer nur die Geräusche hört, ist er voller Sorge. Er stellt sich die Schlägerei in seiner Phantasie womöglich viel schlimmer vor, als sie auf der Bühne je gezeigt werden könnte.

Für den Zuschauer, der sich auf das Geschehen bewusst einlassen will, ist das alles kein Problem. Im Gegenteil. Der Regisseur Peter Brook schreibt: »Leere im Theater gestattet der Phantasie, die Lücken zu füllen. Paradoxerweise ist die Phantasie umso glücklicher, je weniger man sie füttert, denn sie ist ein Muskel, der gerne Spiele spielt.«[8]

Zuschauen beim Theater ist also ein aktiver Prozess. Wenn jemand auf der Bühne behauptet, dass der eben eingetretene Herr der König sei, dann glaubt es der Zuschauer und sieht die Figur mit anderen Augen. Das Schlachten des Gummihuhns mit Tomatenketchup oder Theaterblut wird der Zuschauer, wenn es gut gemacht ist, atemlos verfolgen.

Ich bin fast immer gegen echte Requisiten, z. B. echte Antiquitäten, Bäder aus echtem Marmor oder handgeschriebene Briefe des wirklichen Lebenspartners. Das ist nicht nur überflüssig, sondern es behindert. Das Theater ist nicht das Leben.

Die Vereinbarung eingehen

> *»Stellt euch vor, der Vorhang geht auf, eine junge Schauspielerin zeigt sich auf dem Balkon und beginnt: ›O Romeo! Warum bist du Romeo? Leg deinen Namen ab.‹ Die Leute würden sich verwirrt umschauen: Sie ist verrückt! Nur dank der Situation, die uns vorweg erklärt worden ist, akzeptieren wir dieses Paradox.«*
> Dario Fo [9]

Besonders zu Beginn einer Inszenierung ist es wichtig, dass der Zuschauer sich entscheidet, »mitzugehen«. Wenn Sie im Fernsehen beim Zappen in die melodramatische Schlusssequenz geraten, in der sich der Held umbringt, lachen Sie herzlich. Andere Zuschauer, die über zwei Stunden sein Schicksal verfolgt haben, weinen herzzerreißend um ihn. Auch für das Mitleiden muss ich mich entscheiden, deshalb braucht der Zuschauer eine gewisse Zeit, um sich in Situation und Geschehen einzufühlen.

Die Bereitschaft der Zuschauer, sich am Theatergeschehen zu beteiligen, ist besonders groß, wenn sie sich in mindestens einer Figur auf der Bühne wiedererkennen.

Wenn mir Freunde von Theaterstücken berichten, die sie sehr ergriffen oder fasziniert haben, dann meistens deswegen, weil sie sich mit einer Figur oder Handlung identifizieren konnten.

Ein guter Regisseur sorgt dafür, dass seine Protagonisten etwas mit den Menschen zu tun haben, die zuschauen.

Logik

> *»Eine plausible Unmöglichkeit ist einer unplausiblen Möglichkeit vorzuziehen.«* [10]

Der Zuschauer glaubt, was für ihn logisch ist. Und die handelnden Personen müssen mit ihm daran glauben. Es gibt Stücke, deren Protagonisten durch die Zeiten springen, deren Hauptfigur hellseherische Fähigkeiten hat und in denen Tiere sprechen.

Wenn das Geschehen logisch und folgerichtig ist und die Personen entsprechend handeln, wird der Zuschauer nicht danach fragen, ob das, was er sieht, möglich ist.

Verstöße gegen die Vereinbarung

Die Bereitschaft, einem Theaterabend zu folgen, kann der Zuschauer jederzeit zurückziehen. Wenn es zu unlogisch wird, wenn Schauspieler schlecht spielen, wenn etwas verstörend Realistisches passiert, dann »steigt der Zuschauer aus«. Bei Bertolt Brecht ein gewollter und geplanter Vorgang.

Wie offen der Zuschauer für die Inszenierung ist, hängt von sehr vielen Faktoren ab. Fernsehzuschauer von Billigserien halten einen kleinen Bühnenausbruch für großes Theater und sind ganz fasziniert, Abonnenten in Tourneetheatern werden von aufwendigen Bühnenbildern beeindruckt, und Samstagszuschauer wollen lachen, auch wenn es nicht ganz so komisch ist. Inszenieren Sie also Ihr Stück für Ihr Publikum.

Die Vereinbarung aufgeben

> »Welche Wirkung wir erzielen, können wir
> nicht wissen. Sie liegt nicht in unserer Macht.«
> David Mamet [11]

Trotz sorgfältiger Planung und Inszenierung bleibt der Zuschauer stets das unbekannte Wesen. Wie oft lachen Zuschauer bei der Generalprobe, wo sie weinen sollen, und bleiben stumm, wenn die beste Pointe des Abends abgefeuert wird.

Aber schuld ist nie der Zuschauer. Der Samstagszuschauer ist nicht dümmer als der Montagszuschauer, und die Leute in der Stadt X sind nicht intelligenter als die in der Stadt Y. Wenn die Zuschauer nicht so reagieren, wie man es geplant hat, muss man wieder an die Arbeit. Es lässt sich nie genau voraussagen, wie sich der Zuschauer verhalten wird. Und es gehört viel Erfahrung dazu, die Reaktionen des Zuschauers zumindest teilweise zu antizipieren.

Es gibt auch Stücke, in denen es der Regisseur bewusst darauf anlegt, dass die Zuschauer türenschlagend den Theaterraum verlassen. Aber sicher planen lässt sich auch das nicht.

Deus ex machina

> »Man kann nicht ein geladenes Gewehr
> auf die Bühne stellen, wenn niemand die Absicht hat,
> einen Schuss daraus abzugeben.«
> Anton Tschechow [12]

Deus ex machina heißt wörtlich »Gott aus der Maschine«. In verschiedenen griechischen Komödien wurden Konflikte durch einen Spruch eines mithilfe einer kranähnlichen Hebemaschine, der sogenannten Theatermaschine, erscheinenden Gottes gelöst.

Auch heute noch bezeichnet man eine Konfliktlösung, die überraschend von außen kommt, als Deus ex machina.

Im schlechten Krimi zum Beispiel wird uns in der letzten Minute das unscheinbare und bisher unverdächtige Hausmädchen als Mörderin serviert.

Wenn es vorher gar keine Anhaltspunkte dafür gab, dass sie die Täterin sein könnte, ärgert uns diese Auflösung. Wir kündigen die Vereinbarung, weil wir nicht mehr glauben, was wir hören und sehen.

Wenn wir aber am Ende entdecken, was wir übersehen haben, ein winziges Detail zum Beispiel, das uns hätte auf die Spur bringen können, oder wenn wir schon früh geahnt haben, dass mit der Figur etwas nicht stimmt, lassen wir uns gespannt auf die Handlung ein und freuen uns über die Lösung. Und um das zu erreichen, legt ein guter Regisseur Fährten.

Der kluge Zuschauer

> *»Das Publikum muss informiert werden, wann immer es möglich ist. Ausgenommen, wenn die Überraschung wirklich dazugehört, wenn das Unerwartete der Lösung das Salz der Anekdote ist.«*
> *Alfred Hitchcock* [13]

Der Zuschauer liebt Überraschungen. Wenn etwas verblüffend oder überraschend ist, dann freut er sich. Aber es muss vorstellbar sein.

In den meisten Fällen ist es wichtig, dass der Zuschauer mehr weiß als die Protagonisten auf der Bühne. Sein Spaß oder seine Spannung ist größer, wenn er weiß, dass eine Verwechslung vorliegt, dass sich gleich herausstellen wird, dass der Geiger nicht Geige spielen kann oder der Mörder schon hinter dem Baum wartet.

Wenn der Zuschauer den Schauspielern immer eine Nasenlänge voraus ist, erhöht das sein Vergnügen. Das sind dieselben Prinzipien, die uns schon im Kasperletheater dazu gebracht haben, Kasperle vor dem Krokodil zu warnen.

Verdichtete Handlung

> »Alles, was auf der Bühne geschieht,
> muss zu irgendetwas gut sein.«
> Konstantin Stanislawski [14]

Wenn irgendetwas gezeigt wird, geht der Zuschauer immer davon aus, dass es für das Verständnis des Stückes notwendig ist. Sonst hätte man es ihm nicht gezeigt.

Jede Reaktion, jedes Ausstattungsdetail, jedes Hintergrundgeräusch dient dem Ziel, die Geschichte des Stücks zu erzählen und die Wirkung oder die Atmosphäre zu verstärken.

Geschieht dies nicht, fühlt sich der Zuschauer betrogen. Ein Requisit, das nicht bespielt wird, wirkt wie ein Fremdkörper, und eine Andeutung, die nicht aufgelöst wird, ärgert den Zuschauer. Auch ein böser Blick oder ein höhnisches Lachen, die nicht begründet werden, verwirren und beschäftigen den Zuschauer, der nach der Vorstellung ratlos nach Hause geht.

Bühnenzeit

> »Das Leben im Theater ist leichter zu entschlüsseln
> und intensiver, weil es konzentrierter ist.
> Der Vorgang, den Raum einzugrenzen und die Zeit
> zu verdichten, schafft ein Konzentrat.«
> Peter Brook [15]

Auf der Bühne wird alles Überflüssige weggelassen. Umständliche Begrüßungen, Small talk und viele Nebenthemen würden enorm stören. Alles, was auf der Bühne geschieht, muss direkt mit der Handlung zu tun haben. Die Zeit für ein Theaterstück ist kurz, und alles Unnötige wird einfach gestrichen.

Die Zeit auf der Bühne vergeht viel schneller als in Wirklichkeit. Dass eine reale Stunde einer 15minütigen Bühnenzeit entspricht, kollidiert nicht nur mit allen naturalistischen Tätigkeiten, sondern sollte auch nicht allzu wörtlich genommen werden.

Wenn angekündigt wird, dass der Onkel in einer Stunde da sein wird, dann kann er auch nach sieben Minuten auftauchen. Aber Vorsicht, es darf nicht zu unglaubwürdig sein. Eine Nummer in New York durch Drücken dreier Tasten zu wählen, eine Sekunde zu warten und dann ohne Begrüßung ein Gespräch zu beginnen, das ärgert mich als Zuschauer. Andererseits muss Theater sehr ökonomisch sein.

Die Vierte Wand

Die Vierte Wand ist die zum Publikum hin offene Seite auf einer Guckkastenbühne. Sie zu respektieren gehört zu der Vereinbarung zwischen Schauspieler und Zuschauer. Beide Seiten betrachten das Bühnengeschehen als abgeschlossenen Raum, obwohl er für den Zuschauer einsehbar ist und die Schauspieler sich der Beobachtung durch das Publikum bewusst sind.

Es gibt Aufführungen, bei denen die Schauspieler während des gesamten Stückes die Vierte Wand als Wand behandeln, weder durch sie hindurchblicken noch durchschreiten, und es gibt Aufführungen, wo sie einmal oder mehrmals von ihnen durchbrochen wird, z. B. bei einem Monolog.

Dass die Vierte Wand die Bühnenverhältnisse abwandelt, daran hat sich der Zuschauer gewöhnt. Es ist also für ihn ganz natürlich, wenn Menschen zu viert um einen Tisch sitzen, wobei die dem

Zuschauer zugewandte Seite frei bleibt, oder dass z. B. im Hintergrund sechs Türen nebeneinander benutzt werden, wohingegen es Richtung Zuschauerraum keine Türen gibt.

Eine Theaterszene

Wenn die Vereinbarung zwischen Zuschauer und Schauspieler getroffen worden ist und sich beide Seiten für einen Theaterabend entschieden haben, müssen für gutes Theater drei Dinge zusammenkommen: Eine bestimmte Figur verfolgt in einer bestimmten Situation ein bestimmtes Ziel. Nur so kann eine fesselnde Theaterszene entstehen. Ein Mann mit Zahnschmerzen ergibt noch keine Theaterszene. Auch ein Choleriker oder jemand, der berühmt werden will, ist noch kein Theater. Umgekehrt ist auch eine Zahnarztpraxis voll wartender Patienten noch kein Theater. Genauso wenig wie ein Briefträger, die Aushändigung eines Kündigungsschreibens oder eine Prozession auf einem Friedhof.

Wenn man aber jetzt den Mann mit Zahnschmerzen in die übervolle Zahnarztpraxis stellt und ihm das Ziel gibt, sofort drankommen zu wollen, kann sich sofort eine Theaterszene ergeben. Auch die weinende Frau auf der Beerdigung ihrer kleinen Tochter, die unbedingt mit ihrem Exmann reden will, oder der Choleriker, der das Kündigungsschreiben erhält und sich dagegen wehren will, ergeben dankbare Theaterszenen.

Spannung

Noch interessanter wird es, wenn man Figur und Szene in ein Spannungsverhältnis bringt. Ein Mann mit Zahnschmerzen in einer Zahnarztpraxis ist nicht unbedingt spannend. Spannender ist es, wenn die Zahnschmerzen einen Ministerpräsidenten plagen, der gleich die alles entscheidende Rede zu halten hat. Oder stellen wir eine weinende Frau nicht auf einen Friedhof, sondern auf eine fröhliche Cocktailparty oder auf die Bühne einer Striptease-Bar – die Spannung erhöht sich deutlich. Nach diesem Muster lassen wir den Choleriker die Geburtstagsfeier seines Chefs sprengen oder lassen ihn mit seiner Frau in einer voll besetzten Kirche diskutieren. Jetzt kann sich richtig spannendes Theater entwickeln.

Wenn Sie Glück haben, gibt Ihnen Ihr Stück die Szenen so vor. Ansonsten sollten Sie anfangen, zu inszenieren.

Reibung

Je unterschiedlicher die Figuren in einer Szene, desto besser. Theater entsteht durch Reibung und Widerspruch. Ist der Ehemann sehr aufgeregt, lässt ein guter Regisseur den Liebhaber sehr langsam antworten. Ist die Braut voller Liebe und Energie, reagiert ihr Bräutigam eher verzögert oder zerstreut. Bockt der Zeuge und ist schweigsam, dann kann der Kommissar mit mehr Druck fragen.

Auch in Bezug auf Lautstärke und Geschwindigkeit wird eine Szene stärker, je unterschiedlicher die Stimmungen sind, die aufeinandertreffen.

Entwicklung in der Szene

Jede Szene hat im Gesamtzusammenhang einen bestimmten Sinn, den herauszuarbeiten Aufgabe der Regie ist. Warum ist diese Szene an dieser Stelle sinnvoll? Wie bringt sie die Geschichte weiter?

In einer guten Szene geht die Figur anders heraus, als sie hineingegangen ist.

Stellen Sie sich vor, man würde Ihr Leben verfilmen oder daraus ein Theaterstück machen. Der Autor würde die Szenen auswählen, an denen sich etwas in Ihrem Leben verändert hat, die Wendepunkte.

Wenn er zum Beispiel zeigen wollte, was bei Ihrem Schulabschluss herauskam (zweifellos für die meisten Menschen ein wichtiger Punkt im Leben), würde er Ihre ungeduldige Erwartung zeigen und Ihre Enttäuschung oder Ihren Jubel nach Bekanntgabe der Ergebnisse. Kontrollieren Sie, ob mindestens eine Ihrer Personen in jeder Szene eine Entwicklung macht.

Statuswechsel

Die Entwicklung, die eine Person in der Szene durchmacht, kann auch sehr viel subtiler sein. Manchmal genügt eine Änderung der Haltung, der Stimmung oder des Verhältnisses anderen gegenüber. Die Person wechselt ihren Status.

Stellen wir uns vor, ein Chef macht seine Sekretärin fertig. Er hat einen Hochstatus, sie einen Tiefstatus. Am Ende der Beschimpfung sagt ihm die Sekretärin lächelnd, dass sie von der Geliebten des verheirateten Chefs weiß. Er ist verblüfft. In dieser Szene hat sich gerade der Status geändert. Sie hat jetzt Hochstatus, er Tiefstatus.

Untersuchen Sie gute Theaterstücke oder Fernsehserien auf diese Statuswechsel. Sie werden kaum eine Szene finden, die ohne auskommt. Der Kommissar, der sicher ist, etwas zu erfahren, und der dann doch nichts rauskriegt. Oder der Mann mit dem Heiratsantrag, der abgewiesen wird.

Ein Statuswechsel kann aber auch durch einen Einfall entstehen oder ein Requisit, das ich entdecke. Der Protagonist findet z. B. einen Liebesbrief, oder ihm fällt eine unbezahlte Rechnung ein.

Statuswechsel planen

Damit ein solcher Statuswechsel gut funktioniert, sollte eine Szene »von hinten« geplant werden. Wenn ich weiß, dass die

Hauptfigur der Szene sich am Ende freuen wird, dann lasse ich sie die Szene in einer negativen Stimmung anfangen. So wird der Moment, in dem die Figur die freudige Nachricht erhält, umso stärker. Die Kamera würde diesen Moment in Großaufnahme zeigen, wo das verzweifelte Gesicht sich (langsam, ganz langsam) zu einem Freudenschrei verzieht. Wie sollte jemand, der bestens gelaunt ist, die überbordende Freude über einen Lottogewinn spielen? Das würde sehr wahrscheinlich kitschig werden, und die Bedeutung des Ereignisses wäre sehr viel geringer.

Wenn umgekehrt die Hauptfigur eine schlechte Nachricht bekommt, geht sie am besten energiegeladen und gut aufgelegt in die Szene.

Ein Detektiv, der den Fall am Ende doch nicht löst, tritt zu Beginn siegessicher in der Szene auf. Je größer die Fallhöhe für eine Person ist, desto stärker wird die Szene.

Die Aufgabe der Regie besteht jeweils darin, die verschiedenen Emotionen auch zu begründen. Niemand ist zu Beginn einer Szene einfach ohne Grund traurig oder nervös.

Steigerung

Eine Szene, die in einem emotionalen Ausbruch endet, muss langsam anfangen. Wenn die Figur schon schreiend zur Tür hereinkommt, wie soll sie dann noch am Ende der Szene einen Ausbruch spielen?

Der Regisseur weiß, wie eine Szene endet, und baut sie entsprechend auf.

Dabei ist mit Szene natürlich nicht immer die vom Autor vorgegebene Theaterszene gemeint. Manchmal ist es nötig, aus langen Szenen kleinere Einheiten zu machen oder Szenen zusammenzufassen, besonders wenn gekürzt werden muss.

Die entscheidenden Momente

Die entscheidenden Momente des Stückes müssen auf der Bühne stattfinden und nicht hinter den Kulissen. Wenn jemand merkt, dass er betrogen oder geliebt wird, möchte ich den Moment sehen, in dem ihm das bewusst wird.

Ich kann die Szene, in der eine Figur von der Begegnung mit einem tollen Menschen erzählt, ja auch so erzählen, dass sie erst auf der Bühne begreift, wie einschneidend die Begegnung war. Und sie verliebt sich genau in dem Augenblick in die unsichtbare Person, in dem sie einem Dritten davon erzählt.

Ärgern Sie Ihr Publikum nicht! Figuren, die hinter den Kulissen eine Idee haben oder Minuten vor dem Auftritt erkennen, dass sie hereingelegt wurden, betrügen die Zuschauer um den entscheidenden Moment, weil die ihn nicht auf der Bühne erleben.

Konflikt

Theater hat oft mit dem Extrem, der Katastrophe, der größtmöglichen Fallhöhe zu tun. Je elementarer etwas für die Protagonisten ist, desto spannender und mitreißender für die Zuschauer. Tod ist besser als Verletzung, die Existenz zu verlieren ist besser, als hundert Euro liegen zu lassen.

Je größer der Konflikt, je größer die Auseinandersetzung, desto stärker die Bereitschaft des Zuschauers, sich einzulassen. Am besten: Es geht um alles.

Auch scheinbare Kleinigkeiten, die für den Zuschauer unter Umständen eine Lächerlichkeit darstellen, wie der Verlust eines Gegenstandes oder eine gemeine Bemerkung, lösen bei den Protagonisten am besten die größtmöglichen Gefühle aus.

Scheitern

>»*Ich finde das Scheitern eines Menschen
interessanter als sein Glücklichsein.*«
>Susanne Lothar [16]

Auch wenn ein Theaterstück gut ausgeht: Es unterhält uns nur dann, wenn der Held vorher scheitert. Jemand, der die Liebe seines Herzens ohne große Probleme bekommt oder den sein Volk zum König macht, weil er der Beste ist, langweilt uns.

Erst wenn der Held lange genug gelitten und gekämpft hat, wenn er am Ende viele Male gescheitert ist, wird es Zeit für das Happy-End (oder auch nicht).

Dialoge

Dialoge sollen wirken, als hörten wir Menschen zu, die wir kennen. Trotzdem sind Dialoge alles andere als realistisch. Sie sind künstlich verdichtet. Es wäre viel realistischer, Dialoge mit Füllwörtern zu garnieren, Ähs einzubauen und manchen Satz in einem unverständlichen Gebrummel enden zu lassen.

Aber auch hier macht der Zuschauer aus der künstlichen Situation die Wirklichkeit. Es stimmt also nicht, dass der Zuschauer sich am leichtesten einlässt, wenn es besonders realistisch ist.

Stellen Sie sich einmal vor, das Kriminalstück ginge schlecht aus oder die Komödie würde am Ende nicht aufgelöst. Das wäre zwar realistisch, würde aber die Vereinbarung mit dem Zuschauer durchbrechen und ihn verärgern, oder zumindest irritieren. Aber natürlich gibt es viele Regisseure, die genau diese Wirkung erzielen wollen.

Langeweile

Der Zuschauer findet ein Gespräch auf der Bühne nur dann interessant, wenn der Bühnenpartner es auch interessant findet. Es gibt nichts Schlimmeres als Schauspieler, die sich auf der Bühne langweilen. Auch Langeweile muss auf der Bühne etwas Aktives sein, die Langeweile einer Figur muss also motiviert sein und für ihr weiteres Verhalten Konsequenzen haben. Langeweile kann sich auch darin ausdrücken, dass jemand mit äußerster Konzentration versucht, Fliegen totzuschlagen oder mit einem Bleistift zu jonglieren. Langeweile im Sinne von Nichtstun und Gähnen, die weder Ursache noch Wirkung hat, ist auch für den Zuschauer entsetzlich langweilig.

Tragödie und Komödie

»Das Lächerliche ist nämlich ein mit Hässlichkeit verbundener Fehler, der indes keinen Schmerz und kein Verderben verursacht...«
Aristoteles [17]

Es gibt einige Unterschiede zwischen Komödie und Tragödie, die weit über das Lachen und Weinen hinausgehen. Eine Komödie hat meist ein höheres Tempo und verlangt mehr Energie.
 Die Konsequenzen von Handlungen und Unfällen sind weit weniger schlimm. Jemand kann aus dem Fenster fallen und Minuten später hereingehumpelt kommen, ohne dass ihm etwas Ernstes passiert wäre.
 Die meisten Komödien leben von einer gewissen Naivität ihrer Protagonisten. Sie reagieren oft nicht erwachsen, sondern unreif.
 Eine gute Komödie muss präziser sein als eine Tragödie, und die Probenzeit im regulären Theaterbetrieb ist oft länger.

Wechsel zwischen Dramatik und Komik

> »Wenn ich nicht am selben Abend lachen
> und weinen kann, ist es kein gutes Stück.«
> Mutter von Tony Barr [18]

Ununterbrochene Dramatik ist nicht auszuhalten. Der Mensch will ausatmen, um wieder einatmen zu können. Spannung braucht Entspannung, damit sich wieder neue Spannung aufbauen kann. Ein ganz natürlicher Rhythmus.

Ein Stück, das uns pausenlos mit Hochspannung unterhält und bei dem eine Katastrophe die nächste jagt, irritiert uns. Deswegen empfiehlt es sich, auch im tragischsten Stück ein paar komische Elemente unterzubringen.

Shakespeare hat vor jeder dramatischen Szene eine heitere gesetzt. Die dramatische Szene hat eine größere Wirkung und hält uns länger gefesselt. Nichts ist anstrengender als eine Folge großer, tiefer, bewegender Momente. Es fällt uns offenbar schwer, eine längere Zeit ernst zu bleiben. Ein Regisseur sucht das Heitere im Drama und die Abgründe in der Komödie.

Ernsthaftigkeit

> »Wenn Sie in einer Komödie mitspielen,
> dürfen Sie auf keinen Fall versuchen, komisch zu sein.«
> Tony Barr [19]

Komiker lachen nicht. Jemand, der sich selbst witzig findet, ist nicht im mindesten komisch.

Ein Lachen (wenn es sehr gut gemacht ist und der Zuschauer allerbester Laune ist) kann anstecken. Aber in den meisten Fällen werden wir ernst, wenn sich jemand über sich selbst kaputt lacht. Wir wollen entscheiden, wann wir lachen und wann nicht.

Am meisten lachen wir darüber, wenn jemand unfreiwillig komisch ist. Das kann im Theater gespielt sein, aber ein Darsteller, der auf einer Bananenschale hundertfünfzig Vorstellungen gekonnt ausrutscht, ist wesentlich komischer als ein Mann, der sich zur eigenen Belustigung in ein Kleidchen zwängt oder Witze macht, über die er selbst am lautesten lacht. Der Protagonist darf nicht komisch sein wollen.

Der Schauspieler, der kurz vor der Pointe eine Pause macht, um auch dem Letzten zu zeigen, dass jetzt etwas Komisches kommt, wirkt nicht komisch. Das machen Laienschauspieler besonders häufig bei Wortspielen und Bonmots. Die geistreiche Pointe fällt aber in den meisten Fällen besser quasi nebenbei und erzielt so die größte Wirkung.

Planned Break Up

Dass das Unfreiwillige am komischsten ist, macht sich eine Technik zunutze, die in Amerika sehr häufig angewandt wird und die ich durch Elke Sommer kennengelernt habe.

Beim *planned break up* baut man in einer Komödie eine Stelle ein, bei der der Zuschauer glaubt, den Schauspielern sei ausgerechnet an diesem Abend ein Missgeschick passiert. Zum Beispiel, eine Tür funktioniert nicht, ein Schauspieler muss lachen und kann nicht weiterspielen. Für den Zuschauer sieht es so aus, als würde die Szene durch ein privates Lachen unterbrochen und die Schauspieler müssten warten, bis sie sich fangen und weiterspielen können.

Bei den meisten meiner Vorstellungen war das der Lacher des Abends.

Gefühle des Zuschauers

> »Schauspieler machen nicht Eindruck auf das Publikum,
> wenn sie wütend sind, sondern wenn sie die Wut spielen.«
> Denis Diderot [20]

Nicht nur bei Pointen ist es besser, dem Zuschauer das Gefühl nicht vorzugeben. Ein jammernder Schauspieler führt nicht dazu, dass ich auch jammere, und ein Darsteller, der sich dauernd Sorgen macht, bringt mich nicht dazu, mir auch Sorgen zu machen. Wir entscheiden selbst, wann wir uns Sorgen machen und wann nicht.

Wenn Sie neben jemandem in den Sonnenuntergang schauen, der sich vor Begeisterung nicht mehr einkriegt, finden Sie den Sonnenuntergang nicht mehr romantisch. Sie konnten nicht entscheiden. Wenn Ihr Partner Sie dazu bringen will, mit Ihnen über den Nachbarn herzuziehen, ist Ihre erste Reaktion, den Nachbarn zu verteidigen.

Vor allem gegen allzu große, schwülstige, stark ausgestellte Gefühle wehren wir uns. Eine Figur aber, die ihr Leid mit allen Mitteln zu unterdrücken versucht, hat unser Mitgefühl.

Komik

Die Frage, was komisch ist, ist schwer zu beantworten. Wir lachen oft über ganz verschiedene Dinge. Aber für Komik gibt es bestimmte Grundmuster. Eine Erwartung geht z. B. ins Leere, unvereinbare Dinge werden miteinander kombiniert oder eine Situation wird von einem der Beteiligten missverstanden. All das kann ein Lachen hervorrufen. Dabei spielen die momentanen Vorstellungen einer Gesellschaft eine große Rolle.

Ich habe hier eine kleine (möglicherweise unvollständige) Liste zusammengestellt, was komisch sein könnte. Als Beispiel habe ich die Situation gewählt, wie sich Menschen auf der Bühne die Hand geben, um Komik zu erzeugen.

Komisch ist ...
- ... das Grobe: Anstatt dem anderen die Hand zu geben, bekommt der eine schallende Ohrfeige.
- ... das Übertriebene: Ein Mann wird von einem Fremden überschwenglich begrüßt, den er noch nie im Leben gesehen hat.
- ... das Unverhältnismäßige: Ein Mann und eine Frau begrüßen sich, und der Mann hält die Hand der Frau so lange fest, bis sie mit ihm Essen geht.
- ... das Absurde: Zwei Bekannte wollen sich im Theater über drei andere Personen hinweg die Hand geben.
- ... das Ungeordnete, Chaotische: Mehrere Menschen mit Sektgläsern wollen sich gleichzeitig die Hand geben.
- ... das Hinderliche/Störende: Zwei Menschen, vollbepackt mit Paketen, versuchen sich zu begrüßen, bis alles am Boden liegt.
- ... das Unrealistische: Der eine gibt dem anderen zur Begrüßung nicht die Hand, sondern den Fuß.
- ... das Unwissende, Laienhafte: Der eine hält die Hand hoch und grüßt mit »take five«, der andere kramt seine Börse heraus und gibt ihm fünf Euro.
- ... das Dilettantische, Dumme: Der eine streckt die Hand hin, mit der der andere nichts anfangen kann. Also fängt er an, die Hand zu untersuchen.
- ... eine Umkehrung: Zwei geben sich die Hand, drücken beide ganz fest zu und sagen sich dabei Gemeinheiten.
- ... vergebliches Bemühen bei Selbstverständlichkeit: Zwei stehen sich gegenüber, wollen sich die Hand geben, haben aber keine Ahnung, wie sie das machen sollen.
- ... das Unerwartete, Überraschende: Zwei gehen aufeinander zu, geben sich die Hand, hüpfen eine Runde im Kreis und gehen weiter, als sei nichts geschehen

... eine Wortverdrehung: Muten Gorgen! Ähhh ...Goten Murgen ... Mein Gott! Guten Morgen! Wie giht es Ehnen?

... das Boshafte: Wir beobachten, wie der eine einen Reißnagel vorbereitet, den er dem anderen bei der Begrüßung in die Hand drücken wird.

... das ungewöhnlich Kombinierte: Zwei machen zur Begrüßung ein perfekt funktionierendes Handklatschspiel.

... das Obszöne/Leidenschaftliche: Zwei Menschen blicken umher, um sich zu versichern, dass sie nicht beobachtet werden, dann ergreifen beide voller Verlangen die Hand des anderen.

... das Karikierende: Zwei geben sich als Karikatur von zwei trippelnden Chinesen die Hand.

... dem Entstehen einer harmlosen Katastrophe zusehen: Der eine gibt dem anderen eine mit Öl verschmierte Hand.

... das Ungewollte: Der eine tritt bei der Begrüßung dem anderen auf den Fuß und merkt es nicht.

SCHAUSPIELERISCHE TECHNIKEN

»Lern Deinen Text und stoß nicht gegen die Requisiten!«
Spencer Tracy [21]

Die Schauspieler in einer Inszenierung können gerade bei freien Gruppen oder Tourneetheatern mit ganz unterschiedlichen Arbeitsweisen an ein Stück herangehen. Nun gehört die Beschäftigung mit Konstantin S. Stanislawski, Lee Strasberg und Bertolt Brecht, mit Jerzy Grotowskis armem Theater, mit Antonin Artauds grausamem Theater und Augusto Boals Theater der Unterdrückten, mit Improvisations- und Experimentaltheater – um nur einige Beispiele zu nennen –, in eine Vorlesung der Theaterwissenschaft und nicht in ein Buch über Regie. Doch es erscheint mir wichtig, darauf hinzuweisen, wie unterschiedlich die Theorien sind, nach denen Schauspieler arbeiten. Denn daraus können sich ungeahnte Schwierigkeiten ergeben.

Anfänge der Regie

Die Bezeichnung »Regisseur« entwickelte sich erst im letzten Drittel des 18. Jahrhunderts. Theater wurde nicht mehr als Institution zur Vermittlung von Literatur begriffen, sondern als Ort der Schauspielkunst.[22] Der französische Schauspieler Francesco Riccoboni (1707–1772) wandte sich 1750 in seiner Abhandlung »L'Art du théâtre« gegen alles Gekünstelte am Theater und empfahl zum ersten Mal, sich eine Figur zu erarbeiten, anstatt sie nur mit eingeübten Gesten zu charakterisieren.

Noch im selben Jahr übersetzte Gotthold Ephraim Lessing (1729–1781) den Text und brachte ihn unter dem Titel »Die Schauspielkunst« in Deutschland heraus. Dafür interessierte sich dann der deutsche Schauspieler Conrad Ekhof (1720–1778). Ekhof, Mitglied der Schönemannschen Gesellschaft, der »zur Bekämpfung der Unnatur in Gestik, Mimik und Sprache«[23] mahnte, traf sich regelmäßig mit anderen Schauspielern, um an ihren Rollen zu arbeiten. Diese Treffen wurden im Laufe der Zeit durch eine Probenarbeit ersetzt, die nicht nur Auftritte und Standorte festlegte, sondern auch Haltungen und Gänge begründete. Damit schuf er den Beruf des Regisseurs, wie wir ihn heute verstehen.

Stanislawski

Über hundert Jahre später gab der russische Schauspieler und Regisseur Konstantin Sergejewitsch Stanislawski (1863–1938) der Theorie zur schauspielerischen Arbeit neue Impulse. Stanislawski galt lange Zeit als Erfinder des modernen Schauspielunterrichtes und als Reformator eines Theaters, das sich bis dahin auf das übergroße Pathos und die theatralische Geste beschränkte. Die offizielle Biographin Elena Iwanowna Poljakowa[24] bezeichnet ihn als den Erneuerer des realistisch-naturalistischen Theaters. Als Mitbegründer des (auch als MChAT bekannten) Moskauer Künstlertheaters beeinflusste er mit den Tourneen in Europa und Amerika viele Theatermacher.*

---

* Obwohl es auch da inzwischen ein paar Unstimmigkeiten gibt. Das spannende Buch *Theater als Kunst – Sinn und Unsinn des Stanislawski-Systems* von Inge Moossen (Frankfurt am Main 1993) weist sehr überzeugend nach, dass Stanislawski möglicherweise bei den Inszenierungen, die auf Gastspielreise gingen, nie Regie geführt hat, sondern eher für den Ton und die Requisite zuständig war. Und eine begeisterte Anhängerschaft hatte er zu Lebzeiten wohl auch nicht. Der eigentliche Kopf und geniale Regisseur des Moskauer Künstlertheaters, dem auch Stanislawski die wichtigsten Teile seiner späten Theorien verdankte, war Wladimir Iwanowitsch Nemirowitsch-Dantschenko (1858–1943). (A. d. A.)

Das Stanislawski-System

> »Ich bin nicht in der Lage, mein riesiges
> Material zu ordnen, ich versinke darin.«
> Konstantin S. Stanislawski [25]

Im Stanislawski-System sammeln sich als Resultat nicht nur die Erfahrungen aus seiner schauspielerischen Praxis, sondern auch die aus seiner Tätigkeit als Regisseur. Seine Theatertheorie kreist um die Grundfrage: Erleben oder nicht.

> »Für den Film mag diese Methode angehen, aber
> jeder Bühnenschauspieler wird Ihnen sagen, dass es bei
> acht Vorstellungen in der Woche einfach nicht
> menschenmöglich ist, ›es‹ jedes Mal zu fühlen.«
> Alan Ayckbourn [26]

> »Es gibt diese berühmte Anekdote zwischen Sir Laurence Olivier
> und Dustin Hoffman im Marathon Man, als Dustin Hoffman
> 48 Stunden nicht geschlafen hat, um überzeugend zu wirken,
> und Olivier sagte: ›Warum spielst du es nicht einfach?‹«
> Til Schweiger [27]

Die Diskussion, ob der Schauspieler auf der Bühne selbst erlebt oder den Zuschauer nur glauben macht, dass er erlebt, gibt es bis heute. Stanislawski vertrat in seinem Leben sogar beide Ansichten.

Plädiert er zuerst für die weitgehende Identifikation mit der Rolle, die der Schauspieler aufgrund eigener Erfahrungen und Gefühle, seinem »emotionalen Gedächtnis«, erreichen soll, empfiehlt ihm der späte Stanislawski, nachdem er mit diesem Ansatz gescheitert war, über die konkretere »physische Handlung« zu einem innerlichen Erleben zu kommen. Inneres Erleben und äußerer Ausdruck münden schließlich in der »psychophysischen

Handlung«. Bis heute trifft das »Stanislawski-System« auf erbitterte Gegner und leidenschaftliche Fürsprecher.

Der Regisseur David Mamet hat eine regelrechte Streitschrift gegen Stanislawskis frühe Methoden und ihre Auswüchse verfasst. Er sagt: Der Job eines Schauspielers ist es, auf die Bühne zu gehen…»*trotz allem, was er fühlt*«[28]. Das Herstellen von bestimmten Gefühlen beim Schauspieler hält er für unmöglich: »Wenn wir wirklich fähig wären, unsere … Gefühle auf Befehl abzurufen, gäbe es keine Neurosen und keine Psychosen, gäbe es weder Psychoanalyse noch Traurigkeit.«[29] Er hält, ähnlich wie der Autor und Regisseur Alan Ayckbourn, nichts von eigenen Gefühlen auf der Bühne, wenn er sagt, »dass nichts auf der Welt so uninteressanter ist wie ein Schauspieler, der sich auf der Bühne in seinen eigenen Gefühlen ergeht«[30]. Auch Brecht lehnt diese Art von Arbeit ab: »Er [Der Schauspieler] beschäftigt sich nur insofern mit sich selbst, als er trainiert.«[31]

Von außen nach innen oder umgekehrt

> »*Wenn Sie die Wahrhaftigkeit und den*
> *Glauben der spielenden Kinder in der Kunst erreichen,*
> *können Sie große Schauspieler werden.*«
> Konstantin S. Stanislawski [32]

> »*Mir persönlich ist mit Sicherheit dieser Schauspieler*
> *lieber als jener, der ganz aus dem Inneren nach außen arbeitet.*
> *Oft wartet man einen Monat lang angespannt darauf,*
> *dass er endlich sein Werk enthüllt, nur um dann*
> *festzustellen, dass er völlig danebenliegt.*«
> Alan Ayckbourn [33]

Muss erst das Gefühl da sein, muss der Schauspieler erst spüren, was er spielen muss, und folgt dann alles andere dem Gefühl?

Oder stellt sich das Gefühl erst mit der physischen Handlung ein? Diese Fragen beantworten Schauspieler sehr unterschiedlich.

Es gibt Schauspieler, die vor der Probe Friedhöfe aufsuchen (weil in ihrem Monolog ein toter Bruder vorkommt), die als Hamlet frühstücken und auf dem Weg zur Probe die Welt als Gretchen betrachten. Verständlich, dass solche Schauspieler gegen lange Privatgespräche zu Beginn der Probe sind.

Andere Schauspieler brauchen zuerst das technische Gerüst. Sie wollen wissen, wo sie auf der Bühne stehen und wo ihre Mitspieler. Sie benötigen früh den bearbeiteten Text, den sie schon bald perfekt beherrschen wollen. Und sie legen Wert auf Probenkostüme. Sie wollen am liebsten originale Requisiten und einen endgültigen Grundriss des Bühnenbilds. Meine Schauspiellehrerin Ruth v. Zerboni sprach immer davon, erst das Bachbett zu graben und dann die Gefühle wie das Wasser darin strömen zu lassen.

Natürlich gibt es auch da eine Menge Mischformen und ganz individuelle Möglichkeiten, an Rolle und Stück heranzugehen.

Strasberg

> »›Emotionales Gedächtnis‹, ›sensorisches Gedächtnis‹ und die
> Dogmen der ›Method‹ bis zurück zu und einschließlich
> Stanislawskis Trilogie sind reiner Blödsinn.«
> David Mamet [34]

> »Lee Strasberg gelang es, mit genial einfachen Sätzen die
> Probleme, die sich dem Darsteller in jeder Situation stellten,
> zu definieren (...) Darüber hinaus hat er eine unangreifbare
> Trainingsmethode geschaffen, welche der scheinbar irrationalen
> Erscheinung des Ausdrucks ein rationales Fundament gibt.«
> Lew Bogdan [35]

> »Es gab einmal eine furchtbare Arbeitsmethode,
> die vor einigen Jahren aus den Staaten importiert
> wurde und ›Method Acting‹ hieß.«
> Alan Ayckbourn [36]

»The Method« oder das »Method Acting« von Lee Strasberg (1901–1982), einem amerikanischen Regisseur und Theaterleiter, ist die Weiterentwicklung von Stanislawskis Theatertheorie des »schöpferischen Wenn«, mit deren Hilfe Phantasie und Gedächtnis trainiert werden sollen. Es ging ihm nicht darum, dass der Schauspieler sich so verhält, wie er sich selbst unter den gegebenen Umständen verhalten würde, sondern seine Aufgabe sei es, eine Art Ersatzrealität zu suchen, die sich von der vorgegebenen Wirklichkeit unterscheidet, es ihm aber ermöglicht, im Sinne des Stückes zu agieren.

Strasberg stellte fest, dass die Grenzen eines Schauspielers da erreicht sind, wo im Leben des Schauspielers die heftigen und tiefen Gefühle der Rolle nie vorgekommen sind. Er erfand deshalb

Übungen und Entspannungstechniken, die zu einem tiefen, innerlichen Erleben der gespielten Situationen führen und das Publikum vergessen lassen. Strasberg hatte großen Einfluss auf viele amerikanische Schauspiellegenden und auch heute ist seine Arbeitsweise in Hollywood sehr verbreitet.

Emotionales und sensorisches Gedächtnis

> »*Ein Schauspieler erinnert sich an den Tod seiner Mutter, um in einer Szene zu weinen. In der Regel kommen die Tränen, wenn er sich intensiv auf diese persönliche Tragödie konzentriert. Aber was ist dann mit seiner Beziehung zum Schauspielpartner, und was wird aus den Stimuli, die er von ihm erhält? Die haben nichts mit seiner Mutter zu tun. (…) Sollte es wirklich keine anderen Möglichkeit geben, Tränen zu erzeugen, dann müssen wir das emotionale Gedächtnis als Notlösung akzeptieren.*«
> Tony Barr [37]

Laut Strasberg ist es möglich, jedes Gefühl herzustellen. Durch die Rückbesinnung auf Kindheitserlebnisse und private Erfahrungen kann ein Schauspieler jedes Gefühl für die Bühne herstellen und hat dazu zwei Möglichkeiten: Man erinnert sich an Erlebtes und assoziiert ein vergangenes Ereignis, oder man experimentiert mit Übungen und Gegenständen,[38] um sich dann an die Gefühle und Erlebnisse in den Übungen zu erinnern. Strasberg gebraucht vor allem den Ribotschen* Begriff des »affektiven Gedächtnisses«, dessen »Konzept sowohl das sensorische Gedächtnis als auch das emotionale Gedächtnis umfasst«[39].

Auch Strasberg ist heute nicht unumstritten. Schauspieler von Rang hielten Strasberg für einen Schwindler. Er mache Schauspie-

---

* Théodule Ribot (1839–1916), französischer Psychologe und Philosoph. A. d. Vlg.

ler immer abhängiger. »Marilyn Monroe traute ihm, ihr Unglück war vollkommen.«[40]

Brecht

Bertolt Brecht (1898–1956) war Dramatiker, Erzähler und Regisseur, nahm mit seinen theoretischen Schriften und seiner Theaterkonzeption großen Einfluss auf die Entwicklung des Theaters im 20. Jahrhundert. Im Gegensatz zu Stanislawski und Strasberg lehnte Brecht das Illusionstheater ab.

Identifikation mit der Rolle und episches Theater

> »Der Schauspieler lässt es auf der Bühne nicht zur restlosen Verwandlung in die darzustellende Person kommen. Er ist nicht Lear, Harpagon, Schwejk, er zeigt diese Leute.«
> Bertolt Brecht [41]

Brecht wollte die Identifikation des Schauspielers mit der Rolle vermeiden. Er befürchtete, der Schauspieler werde, wenn er wirklich etwas empfinde, unfähig, den anderen Anforderungen, die das Stück an die Figur stellt, und den Absichten der Szene zu genügen.

Um das zu erreichen, empfiehlt er: »Drei Hilfsmittel können bei einer Spielweise mit nicht restloser Verwandlung zu einer Verfremdung der Äußerungen und Handlungen der darzustellenden Person führen: 1. Die Überführung in die dritte Person. 2. Die Überführung in die Vergangenheit. 3. Das Mitsprechen von Spielanweisungen und Kommentaren.«[42]

Brecht, der keine Emotionen hervorrufen, sondern die Zuschauer mit gesellschaftlichen Problemen konfrontieren und zu eigenständigem Denken anregen will, führt zu diesem Zweck das epische Theater ein.

Das epische Theater fordert vom Schauspieler eine völlig andere Herangehensweise an seine Rolle: »In der alten Schauspielkunst erfand der Schauspieler, um die vom Stück vorgeschriebenen Beziehungen zu den anderen Figuren eingehen zu können, zuerst die Figur. Aus der Figur leitete er Gesten und die besondere Art, die Sätze zu sprechen, ab. Die Figur gewann er aus einer Zusammenschau im großen Ganzen. Die epische Schauspielkunst geht anders vor. Der epische Schauspieler kümmert sich nicht um die Figur. Er tritt leer an. Er führt in der bequemsten Haltung alle Handlungen aus und spricht die Sätze einen nach dem anderen, aber als sei jeder der Letzte. Um die Gesten zu finden, die den Sätzen zugrunde liegen, erfindet er probierend andere Sätze, vulgärere, die nicht den betreffenden Sinn, sondern nur die Geste enthalten.«[43]

Verfremdungseffekt

Beim Verfremdungseffekt, auch V-Effekt genannt, handelt es sich laut Brecht um »eine Technik, mit der darzustellenden Vorgängen zwischen Menschen der Stempel des Auffallenden, des der Erklärung Bedürftigen, nicht Selbstverständlichen, nicht einfach Natürlichen verliehen werden kann. Der Zweck des Effekts ist, dem Zuschauer eine fruchtbare Kritik vom gesellschaftlichen Standpunkt zu ermöglichen«[44].

Brecht durchbrach die Vierte Wand, indem sich die Schauspieler auch immer wieder ans Publikum wandten und das, was sie darstellten, erklärten. Ihm waren Begriffe wie Illusion, Einfühlen in die Rolle und persönliches Erleben zutiefst suspekt. Der Schauspieler sollte sich gerade nicht vollkommen einlassen auf die Situation, ebenso wenig der Zuschauer. Auch was Bühnenbild und

Ausstattung angeht, verzichtete Brecht nach Möglichkeit auf jeden Realismus.

Vielleicht wird schon am Beispiel dieser drei Theorien klar, warum die Probenarbeit mit Schauspielern, die in unterschiedlichen Techniken ausgebildet wurden, so problematisch sein kann. Schauspieler nähern sich dem Darstellen des wahren Erlebens auf ganz unterschiedliche Weise. Ein Schauspielschüler, dessen Idol an der Schauspielschule Brecht war, wird mit einem Schauspieler, der nach Stanislawski ausgebildet wurde, ziemlich schnell aneinandergeraten, weil jeder den anderen für einen Dilettanten hält. Und meist müssen Sie dann zusätzlich zur Probenarbeit beiden noch ein paar Attitüden abgewöhnen, die man ihnen in der Ausbildung mühsam antrainiert hat. Wer den Beruf des Schauspielers für ein Handwerk hält, der liebt Wiederholungen, technische Abläufe und genaue Absprachen. Wer immer warten muss, bis das Gefühl kommt, fängt nach jeder Unterbrechung wieder von vorne an und wird Ihnen lang und breit erklären, warum ein »kalter Durchlauf« für ihn leider nicht möglich ist.

VOR DER ERSTEN PROBE

Sich vorbereiten

> »*Ein Regisseur muss gut vorbereitet sein. Sinnvoll ist, wenn man das Buch schon auswendig kennt – ich vergesse mein Buch immer zu Hause – und mit dieser Sicherheit auf die Probe geht. Es ist ein tolles Gefühl, wenn man so viel über das Stück weiß, dass einen außer den Schauspielern nichts mehr erstaunen kann. Wenn die Schauspieler diese Sicherheit spüren, bekommen sie ein großes Vertrauen.*«
> Peter Zadek [45]

Ich kann es nicht oft genug betonen, wie wichtig es ist, dass sich der Regisseur besser im Stück auskennt als die Schauspieler und ein guter Regieassistent der Fachmann für Struktur und Reihenfolge der Szenen ist. Wenn ich aber schon nicht immer alles im Kopf haben kann, so sollte ich zumindest die Textstellen schneller finden als die anderen. Um später mühelos den Überblick zu behalten, mache ich mir vor Beginn der ersten Probe verschiedene Pläne, wie einen Szenen- oder einen Auftrittsplan.

Eine gute Vorbereitung ist es, ein Stück in den Computer zu tippen, was zwar sehr viel Arbeit macht, aber dafür kennt man danach »sein« Stück sehr viel besser, als wenn man es nur gelesen hätte. Außerdem hat man dadurch, dass man das Stück jetzt im Computer hat, enorme Vorteile für Änderungen und Umstellungen.

Historische Stücke

Je mehr in die Vorbereitung investiert wird, desto leichter lässt sich später arbeiten. Wenn die Dramaturgie das Regieteam und die Darsteller nicht mit Hintergrundwissen und -material über die gesellschaftlichen und politischen Bedingungen der Zeit versorgt, in der das Stück spielt, kann die Einarbeitung schwierig werden.

Nicht nur Abbildungen aus Geschichtsbüchern, sondern auch Gemälde und Skulpturen in Museen sowie ihre Reproduktionen auf Postkarten können eine genauere Vorstellung von den Kostümen der entsprechenden Zeit vermitteln, sodass Haltungen und Situationen glaubwürdiger und detailgetreuer inszeniert werden können.

Konzeption

> *»Seine Scheu vor Konzeption ist so groß, dass er den Begriff fast nie verwendet, außer in der Kombination mit Falle.«*
> Elisabeth Schwarz über Jürgen Flimm [46]

Ein Regisseur mit einem wie auch immer gearteten Anliegen ist stärker in seinen Argumenten, und seine Inszenierung wird besser. Deswegen ist eine Konzeption wichtig – wenn der Regisseur bereit ist, diese Konzeption den immer neuen Erkenntnissen, die er im Probenprozess gewinnt, anzupassen.

Gerade die Fähigkeiten der Schauspieler zum Beispiel stellen den Regisseur immer wieder vor neue Herausforderungen. Eine Szene, in der ein bestimmter Schauspieler als Motor gedacht war, muss uminszeniert werden, wenn sich herausstellt, dass er das aufgrund seiner schauspielerischen Fähigkeiten nicht leisten kann.

Je früher Schauspieler wissen, wohin der Regisseur mit ihnen will, desto weniger Diskussionen gibt es, wenn man losgegangen ist. Der Regisseur sollte keine Überraschungen planen, sondern für die Schauspieler offen, klar und verlässlich sein. Wenn die Schauspieler sich auf den Regisseur einlassen sollen, dann müssen sie Vertrauen haben. Ein guter Regisseur redet so lange mit jedem einzelnen, bis der ihm freiwillig folgt. Dann hat er bei den Proben später viel weniger Arbeit.

Vor der ersten Probe

Aussage

> »So wichtig die Tätigkeit des Regisseurs für das Theater ist – sie ist für die jeweilige Aufführung vielleicht die wichtigste –, so sehr hat gerade er hinter dem Werk, das er schafft, zurückzutreten.«
> Gustav Gründgens [47]

> »Kein Stück, das etwas taugt, ist ganz ohne Aussage!«
> Alan Ayckbourn [48]

Natürlich können Sie Theater nur zur Unterhaltung oder zum Geldverdienen machen. Aber richtig gut wird es meist erst, wenn Sie etwas zu sagen haben. Überlegen Sie, warum Menschen sich Ihre Inszenierung ansehen sollten. Was können sie lernen, was könnte sie bewegen, was erzählt etwas über das Leben Ihrer Zuschauer. Nur wenn das, was auf der Bühne passiert, mit dem Leben der Zuschauer etwas zu tun hat, werden sie berührt und noch auf dem Nachhauseweg von dem Stück und der Inszenierung gefangen sein. Und diese Begeisterung können Sie mit jedem Stück erreichen.

Regieplan

Es gibt nicht wenige Regisseure, die auf der ersten Probe mit einem Plan erscheinen, der genau festlegt, wer wann wohin geht und die Sätze wie spricht. Unter Schauspielern ein sehr gefürchtetes Szenarium, weil die Proben letztendlich nur dafür da sind, in ein paar Wochen hinzukriegen, was sich der Regisseur schon vor der ersten Probe ausgedacht hat.

Warum Regisseure mit einem fix und fertig ausgearbeiteten Plan auf der ersten Probe auftauchen, hat vielleicht mit ihrer Angst zu tun, Fragen nicht beantworten zu können oder als schwach zu gelten, oder weil sie es als ihre Aufgabe ansehen, eine komplette künstlerische Vision umzusetzen.

Ich persönlich halte es für wichtig, ein Stück mit den Schauspielern zu entwickeln. Nur bei sehr großem Zeitmangel und hundertprozentigem Einverständnis der Schauspieler, sich in eine starre Struktur einzubringen, halte ich solche vorgefertigten Regiepläne für sinnvoll. Eine Vision zu haben, ist etwas Schönes, ein Anliegen zu verfolgen auch, eine Idee zum Stück zu haben ist sogar notwendig, aber Gänge und Beziehungen der Schauspieler untereinander sollten auf der Probe entwickelt werden. Dazu ist sie da.

Szenenplan

Ein Szenenplan ist nicht unbedingt nötig, aber sehr nützlich. Darin steht der Ort der jeweiligen Szene und die Seitenzahlen des Stückes, damit die Anweisung des Regisseurs, dass jetzt die 3. Szene geprobt werden soll, sofort umgesetzt werden kann. Im Szenenplan steht, welcher Bühnenbildaufbau und welche Requisiten gebraucht werden und welche Seite im Stück aufgeschlagen werden muss.

So könnte ein Szenenplan für die ersten Bilder im *Don Carlos* von Friedrich Schiller aussehen:

Don Carlos
Schauplätze in Bildern:

1. Bild	Aranjuez	Seite 2-20
2. Bild	Thronsaal	Seite 21-25
3. Bild	Vorsaal der Königin	Seite 26-31
4. Bild	Kabinett der Eboli	Seite 31-40
5. Bild	Zimmer im Palast	Seite 40-45
6. Bild	In einem Kloster	Seite 45-49
7. Bild	Schlafzimmer des Königs	Seite 50-57

PAUSE

Vor der ersten Probe

Hat ein Stück nur wenige Akte und keine Szeneneinteilung, so mache ich selbst eine und richte mich dabei nach Auf- und Abtritten (betritt eine neue Figur die Bühne, beginnt eine neue Szene) oder nach dem Inhalt der Szene (Thema: die Schwester, Thema: Geld).

Auftrittsplan

In schwierigen und großen Stücken habe ich auch gleich einen Auftrittsplan angefertigt, damit ich weiß, wer wann dran ist. Wenn der Regisseur das erste Bild proben will, weiß ich, wer gleich zu Beginn gebraucht wird und wer erst am Ende des Bildes. Außerdem weiß ich, ob ich Schauspieler nach Hause schicken kann oder ob sie am heutigen Tag doch noch eine Szene haben, die ich womöglich vergessen habe.

Ich habe Ihnen einen solchen Auftrittsplan wieder für das erste Bild des *Don Carlos* gemacht. Bitte vergleichen Sie nicht mit dem Original, denn bei diesem Beispiel handelt es sich um eine Bearbeitung.

In der ersten Spalte finden Sie die Seitenzahl, die drei Buchstaben bezeichnen die Rollenkürzel der Schauspieler. (Bsp. Carlos [car], Domingo [dom], Marquis von Posa [pos], Die Königin [kön], Die Herzogin von Olivarez [oli] usw.)

1. Bild *Don Carlos*

2	dom	car				
3	dom	car	pos			
4		car	pos			
5		car	pos			
6		car	pos			
7		car	pos			
7				kön	ebo	mon	oli
8				kön	ebo	mon	oli

9			kön	ebo	mon	oli			
10		pos	kön	ebo	mon	oli			
11	car	pos	kön		mon				
12	car		kön						
13	car		kön						
14	car		kön						
15	car		kön						
16	car	pos	kön						
16	dom		kön				phi	alb	ler
17	dom		kön		mon	oli	phi	alb	ler
18	dom		kön		mon	oli	phi	alb	ler
19	dom		kön		mon		phi	alb	ler
19	car	pos							
20	car	pos							

Fotokopieren Sie solche Pläne ruhig für die Schauspieler und hängen Sie sie aus. Sie schützen sich so doppelt vor Missverständnissen. Sie sehen in dem Plan z. B. ganz genau, dass die Herzogin Olivarez (oli) im Don Carlos noch einen kleinen Auftritt auf Seite 17/18 hat, den Sie sonst vielleicht vergessen könnten.

Markierung im Text

Oft müssen Sie eine bestimmte Szene oder Textstelle möglichst schnell finden. Ordnen Sie deshalb den Text! Sie können zwischen einzelne Szenen Registerkarten legen, handelsübliche Markierungen an die einzelnen Szenen kleben oder sich Trenner basteln. Wichtig ist nur, dass Ihre Markierungen so stabil sind, dass sie auch acht Wochen Probezeit überstehen.

Vor der ersten Probe

Markierungen und Registerkarten

Links und rechts

Alles, was auf der Bühne geschieht, wird aus Sicht des Regisseurs kommentiert. Links ist also immer »links vom Zuschauerraum aus gesehen«. Die verschiedenen Bereiche der Bühne werden so bezeichnet:

Hinten links	Hinten halblinks	Hinten Mitte	Hinten halbrechts	Hinten rechts
Mitte links	Mitte halblinks	Mitte Mitte	Mitte halbrechts	Mitte rechts
Vorne links	Vorne halblinks	Vorne Mitte	Vorne halbrechts	Vorne rechts
		Zuschauer		

Die Figuren entwickeln

Die Spannung einer Szene oder eines Stücks ist umso größer, je unterschiedlicher die Charaktere der einzelnen Figuren sind. Zwei Choleriker sind langweilig, zwei introvertierte Menschen auch. Die Besetzungsliste eines Theaterstückes enthält also am besten möglichst verschiedene Charaktere, die unterschiedlich reagieren und unterschiedliche Ziele haben.

Figuren und ihre Charaktere

Um einer Figur einen Charakter zuzuordnen, habe ich nach der Lektüre des Stücks oder nach Abschluss meiner Konzeption fünf Anhaltspunkte: Erstens geht es darum, wie eine Figur aussehen soll (flink oder behäbig, mit hängenden Schultern oder aggressionsgeladen), zweitens hat sie vielleicht Eigenheiten (Ordnungssinn oder ständiges Lächeln). Drittens erfahren wir im Stück, was sie tut, wie sie auf die Umstände reagiert. Viertens erfahren wir, was sie sagt, und fünftens reden auch die anderen über die Figur. Auch das ist eine wichtige Informationsquelle über ihren Charakter.

Persönlichkeitsstrukturen

Es gibt inzwischen in der Psychologie sehr viele Systeme verschiedener Persönlichkeitsstrukturen. Von den Riemannschen Grundformen der Angst bis zum Enneagramm, von den Jungschen Archetypen bis zu den Kommunikationsstilen von Friedemann Schulz von Thun[49]. Diese Systeme gehen davon aus, dass man die Verschiedenheit der Menschen in Gruppen zusammenfassen kann. Zum Beispiel Menschen, die extrovertiert sind, oder Menschen, die introvertiert sind. Jedes System kommt da auf eine andere Anzahl, aber allen gemein ist, dass sie die Eigenschaften eines

Typus sinnvoll kombinieren. Sie gehen der Frage nach, welche Eigenschaften zueinander passen oder sich ergänzen.

Diese Systeme können eine große Hilfe sein, bestimmte Eigenschaften, die im Stück ganz klar ersichtlich sind, mit anderen sinnvoll zu kombinieren, die überhaupt nicht erkennbar sind. Und so erfahre ich auch, wie sich meine Hauptfigur verhalten würde und welche Ängste sie hat, auch wenn darüber nichts explizit im Stück steht.

Jemand, der zum Beispiel viel plant und ordnet und nichts dem Zufall überlässt, ist wahrscheinlich sehr viel ungehaltener bei Kritik, da sein ganzes Verhalten ja darauf zielt, Fehler zu vermeiden. Oder Menschen, die immer Erster werden müssen, verfügen eventuell über weniger tiefe soziale Bindungen, denn das würde beim Gewinnen behindern.

Darüber hinaus hilft so ein System, dass sich Charaktere im Stück nicht doppeln. Wenn ich meine Hauptfiguren verschieden anlege, werden sie auch unterschiedlich reagieren. Das brauche ich den Schauspielern nicht einmal zu sagen. Und auf Fragen zur Figur weiß ich Antworten, die über den Text des Stückes weit hinausgehen.

Gegensätze einer Figur

> *»Wenn du einen Geizhals spielst, betone seine Großzügigkeit!«*
> *Alte Schauspielerregel* [50]

Zeigen Sie die Schwäche eines Mächtigen, die Einsamkeit eines Stars oder die liebenswerte Seite eines Gewalttäters. Aus den Gegensätzen entsteht Spannung. Jemand der nur böse, nur laut, nur habgierig ist, ist langweilig.

Eine Figur, die verschiedene Facetten hat, ist glaubwürdiger und interessanter.

Bösewichte

Vor allem Schauspielern von Bösewichten muss man immer wieder sagen, dass sie ihre Figur lieben müssen. Kein Mensch hasst grundsätzlich sich selbst und das, was er tut. Egal wie grausam oder wie naiv, wie unlogisch oder wie selbstzerstörerisch sie handelt, die Figur ist immer davon überzeugt, das Richtige zu tun. Die Figur hat ein positives Motiv.

Und auch die böseste Figur muss etwas haben, was Regisseur und Schauspieler mögen, vielleicht sogar lieben.

Helden

> *»Wenn heldenmütige Gesinnungen Bewunderung erregen sollen: so muss der Dichter nicht zu verschwenderisch damit umgehen; denn was man öfters, was man an mehrern sieht, höret man auf zu bewundern.«*
> Gotthold Ephraim Lessing [51]

Helden können scheitern, Helden können siegen. Aber Helden sind immer ein bisschen anders als die anderen Personen im Stück. Sonst kann keine Spannung entstehen. Sie haben es schwerer, sie sind stärker, sie haben größere Ideale, oder sie stellen ihr eigenes Glück zurück vor dem Glück der anderen.

Unter Krankenschwestern ist das Betreuen eines Verletzten keine Heldentat. Unter Meistern im Degenfechten ist das Zurückschlagen von drei Angreifern keine besondere Leistung...

Helden werden gemacht

>*»Man kann nicht Caesar spielen, sondern nur sein Privatleben.«*
>*Harald Schreiber, Schauspiellehrer*

Stellen Sie sich Caesar allein auf der Bühne vor. Wie wollte er zeigen, dass er Caesar ist? Wenn er huldvoll ins Publikum grüßt, wirkt er lächerlich. Caesar wird erst der Herrscher des Römischen Reiches, wenn ich ihn in eine prunkvolle Dekoration stelle, im Hintergrund seine mit Lorbeer bekränzte Büste plaziere und ihm dann noch eine Toga mit prachtvoller Schärpe und goldenem Bindegürtel anziehe. Jetzt fällt es leichter, ihn zu erkennen. Den König, so heißt es, spielen immer die anderen.

Die effektivste Möglichkeit, eine Figur zu etablieren, ist es, ihn in seinen Mitspielern zu spiegeln. Ein Diener, der sich auf den Boden wirft, eine schöne Frau, die ihn bewundert, oder ein treuer Freund, der vor ihm den Kopf neigt – all das macht aus einem Menschen auf der Bühne einen König.

Je mehr Angst die übrigen Mitspieler vor dem Bösewicht haben, je mehr die Mitspieler ihren Protagonisten lieben, desto stärker sind auch die Gefühle des Zuschauers.

Kostüme

Für die Schauspieler ist das Kostüm von großer Bedeutung. Zur ersten Probe wird von einem Regisseur erwartet, dass er sich über die Kostümfrage Gedanken gemacht hat. Ich habe Leseproben erlebt, die nach dem zweiten Satz unterbrochen wurden, weil eine Schauspielerin wissen wollte, was sie in der Szene anhat.* Auf der Leseprobe könnten erste Entwürfe des Kostümbildners oder Fotos gezeigt werden, oder Sie beschreiben, wie Sie sich die Kostüme vorstellen.

Nehmen Sie sich für die Wahl der richtigen Kostüme Zeit, denn sie erzählen dem Zuschauer eine Geschichte, die er bewusst oder unbewusst wahrnimmt. Allein das Motiv einer Krawatte kann einen Mann zum Paradiesvogel (das Motiv zeigt z. B. einen Surfer), zum Angepassten (langweiliges Muster), zum Provokateur (z. B. eine nackte Frau) oder zum Langweiler (Strickkrawatte) machen. Kleben unter den Schuhen noch die Preisschilder oder ist die Lederjacke abgewetzt, ist das Kostüm zu klein geworden oder die Armbanduhr protzig? Mittels des Kostüms etablieren Sie eine Figur viel schneller als durch den Text, den sie spricht.

Und haben Sie keine Angst, Ihre Konzeption im Laufe des Probenprozesses zu verändern. Wenn sich Ihre Figuren entwickeln, verändern sich unter Umständen auch die Kostüme.

Farben und Assoziationen

Es gibt auf der Bühne nichts, was nichts bedeutet.

Menschen mit ähnlichen Farben passen (im Unterbewusstsein des Zuschauers) gut zusammen, Menschen, die sich durch ihre Kleidung stark von den anderen absetzen, sind Außenseiter, egal ob Held oder Geächteter.

Und auch wenn es natürlich ein Klischee ist, das dringend unbeirrt gebrochen werden sollte: Die Guten tragen helle Kleidung, der Tod und die Bösen sind schwarz gekleidet, sitzen auf schwarzen Sesseln und haben schwarze Requisiten.

---

* Richard Blank erzählt in seinem Buch die wunderbare Geschichte, wie die Schauspielerin Marianne Hoppe für eine Leseprobe ihrer Filmszenen erst zugänglich wurde, als er die Kostümbildnerin mitbrachte. Siehe Richard Blank, *Schauspielkunst in Theater und Film*, Berlin, S.41. (A. d. A.)

Probenkostüme

Besonders in historischen Stücken sind Probenkostüme von besonderer Bedeutung. Man kann den Prinzen von Homburg nicht in Turnschuhen proben, und der König hält sich anders im Ornat. Für Frauen sind Probenröcke und -kleider bzw. Schuhe oft besonders wichtig.

So zu tun, als ob man einen Mantel auszieht oder einen Mantel wirklich ausziehen, sind zwei ganz verschiedene Dinge. Wenn Sie Probenkostüme haben, sparen Sie später sehr viel Zeit. Sonst müssen Sie Termine ansetzen, damit Frau Gräfin üben kann, wie sie mit dem Reifrock durch die Tür kommt.

Ordnung halten

Auch wenn die Probenkostüme am Anfang noch nicht so umfangreich sind und wahrscheinlich auch nicht wertvoll, so empfiehlt es sich, beizeiten eine Möglichkeit zu schaffen, dass Kostüme aufgehängt werden können und jeder Schauspieler einen Ort für seine Sachen hat. Achten Sie darauf, dass die Schauspieler Ordnung halten. Bei ähnlichen Kostümen oder wenn alle das Gleiche tragen, z. B. weiße Oberhemden, muss beschriftet werden. Bitten Sie um einen (wenn möglich fahrbaren) Kleiderständer.

Schuhe

> *»Bitten Sie den Hüter des Kostümfundus um ein Paar der Rolle entsprechende Schuhe für die Probe. Kaufen Sie ja keine neuen Schuhe, denn diese sind Ihnen fremd – und wenn Sie mit Ihnen noch auf Kriegsfuß stehen, kann sich auch Ihre Rollenfigur kaum darin heimisch fühlen.«*
> *Regine Lutz* [52]

Die Schuhe nehmen innerhalb des Kostüms eine Sonderrolle ein. Das Kostüm kann aus billigen Materialien und Imitationen gemacht sein, die Rüstung kann aus Plastik sein, das Fell aus Teddystoff und die Seide aus Kunststoff. Aber bei den Schuhen geht das Imitieren nicht so leicht. Schaftstiefel sind Schaftstiefel, Schnürschuhe sind Schnürschuhe, usw. usf.

Schuhe sind für die Haltung des Schauspielers von größter Wichtigkeit. Der Gang einer Figur kann sehr entscheidend sein, und der hängt auch von den Schuhen ab. Wuchtiges, klobiges Schuhwerk lässt einen König zum Tölpel werden, und mit zu niedrigen Absätzen schreitet die Königin nicht majestätisch, sondern schlendert unbekümmert einher.

Außerdem müssen Schuhe genau passen. Ein Schauspieler, der Schmerzen im Fuß hat oder ängstlich ist, die Schuhe zu verlieren, wird seinen Text und seine Haltung vergessen.

Maske

Auch über die Maske sollte man sich schon ganz am Anfang Gedanken machen. Bärte oder Perücken, die richtig passen sollen, müssen Haar für Haar geknüpft werden, was viel Zeit in Anspruch nimmt.

Werden lebende Personen karikiert? Gibt es Männer, die als Frauen auftreten oder umgekehrt? Gibt es historische Frisuren? Sollen Darsteller im Stück zeitweise älter oder jünger aussehen, als sie sind? Wird jemand im Stück krank? Oder kommt die Figur gerade braungebrannt aus dem Urlaub? Oder befindet sich einer der Protagonisten in einer körperlichen oder seelischen Extremsituation?

All das sind Dinge, die man mit dem Maskenbildner oder der Maskenbildnerin möglichst früh besprechen sollte, damit er oder sie sich dazu Gedanken machen kann.

Bühnenbild

Ob ein Bühnenbild zur ersten Probe schon da ist oder nicht, ist je nach Theater ganz unterschiedlich. Wenn die Schauspieler schon von Anfang an im späteren Bühnenbild spielen können, vereinfacht das die Probenarbeit sehr. Dabei müssen die Wände nicht fertig gestrichen sein und auch nicht jedes Bild hängen. Im Gegenteil: Wenn das Bühnenbild sich langsam vervollständigt, ist das für die Schauspieler im späteren Probenstadium eine zusätzliche Hilfe. Der Schauspieler, der seit zwei Wochen das Bild anspielt, ohne dass es da wäre, wird an dem Tag, an dem das Bild das erste Mal hängt, mit großer Wahrscheinlichkeit intensiver sein.

Aber die Dimensionen der Bühne sollten, wenn es irgendwie geht, schon möglichst früh festgelegt werden. Dazu werden die genauen Maße der endgültigen Bühne mit Klebeband auf den Bühnenboden geklebt.

Hell oder dunkel?

Ein heller Bühnenraum vergrößert dunkel gekleidete Schauspieler. Es ist, als würden die Schauspieler durch eine Lupe betrachtet. Wenn Ihr Bühnenraum sehr klein ist und Sie viele Schauspieler auf der Bühne haben, rückt jede kleinste Aktion, die z. B. im Hintergrund stattfindet, in den Vordergrund. Vor hellem Hintergrund ist eine Inszenierung sehr viel schwerer und muss sehr viel präziser geprobt sein als vor einem bewegten oder eher dunklen Hintergrund.

Von einem dunklen Hintergrund werden die Schauspieler verschluckt, was z. B. in einer Nachtszene oder beim Auftritt des Schurken beabsichtigt sein kann.

Wenn die Wände glänzen, verkleinern sie den Raum optisch.

Spezialeffekte

Wenn der Regisseur nicht weiterweiß, nimmt er Trockeneis!

Mit Trockeneis erzeugt man Nebel. Eine Zeit lang war es Mode, in jeder Inszenierung effektvollen Nebel unterzubringen. Die Protagonisten traten aus dem Nebel auf die Bühne oder Unmengen von Rauch drangen aus dem »brennenden« Haus.

Dosiert eingesetzt, können Spezialeffekte eine große Wirkung haben, wer allerdings nur darauf setzt, gehört ins Varieté und nicht ins Theater.

Für die Spezialeffekte sind an den großen Theatern Techniker und Fachleute zuständig. Auch kleine Theater und freie Produktionen sollten sich unbedingt beraten lassen, z. B. klingen Glasscherben in einem Eimer überhaupt nicht so wie eine zerberstende Glasscheibe, ein paar Metallplättchen aus dem Zauberladen hingegen hören sich täuschend echt an.

Video

Videoaufnahmen oder Filme als Teil der Bühne gewinnen eine immer größere Bedeutung. Sei es, dass per Video auch kleinste Reaktionen des Schauspielers bis in die letzte Reihe vergrößert werden, sei es, dass im Stück ein Video auftaucht, das die Darsteller ansehen, oder dass das Geschehen auf dem Video ins Stück mit einbezogen wird. Schauspieler und Videoaufnahme interagieren, wie das z. B. bei Robert Lepage, Frank Castorf oder in der Laterna magika in Prag* in vielen Aufführungen eindrucksvoll gezeigt wird.

* Die damals vollkommen neue Theaterform der Laterna magika wurde erstmals 1958 im tschechoslowakischen Pavillon auf der Weltausstellung in Brüssel vorgestellt. Auf Sprache als Ausdrucksform wird weitgehend verzichtet, stattdessen wird die Handlung mithilfe einer eindrucksvollen Kombination von

Besondere Anforderungen werden hier an die Beleuchtung gestellt, damit das Videobild gut zu sehen ist, aber die Schauspieler nicht im Dunkeln stehen.

Ausstattung
Requisiten sollen helfen, Figuren und Situationen zu charakterisieren. Die Vase auf dem Tisch, eine Pfeife, ein bunt bemalter Rucksack oder eine Waffe können mehr erzählen als jeder Text.
 Aber sie sind kein Selbstzweck. Eine Leiter im Hintergrund der Szene, die nie angespielt oder benutzt wird, ärgert den Zuschauer. Der ist gewohnt, dass alles auf der Bühne auch verwendet wird. Und wenn vorne rechts eine Kanone steht, dann sollte er darauf vertrauen dürfen, dass im Laufe des Stücks jemand damit schießt.
 Ein Vogelkäfig in der hinteren Ecke der Bühne, und Hunderte von Zuschauern fragen sich den ganzen Abend, was mit dem Vogel ist. Und zwar auch während der Liebesszene.
 Genauso wie alles, was gesagt wird, eine Bedeutung für das Stück haben muss, sollte auch alles, was gezeigt wird, eine Geschichte erzählen. Der Zuschauer ärgert sich sonst, weil er Energie fürs Nachdenken über etwas verschwendet hat, was keinerlei Bedeutung hatte. Achten Sie darauf, dass alle Möbel (z. B. Betten, Tische, Stühle) und Requisiten, die im Stück eine wichtige Rolle spielen, zur ersten Probe bereitstehen.

Projektionen, Schauspiel, Tanz, Pantomime, Musik und Lichteffekten entwikkelt. Die Bühne Laterna magika ist seit Mitte der 80er Jahre Bestandteil des Prager Nationaltheaters. (A. d. Vlg.)

Türen

> »*Türen sind immer ein Problem.*«
> Michael Caine [53]

So selbstverständlich das Öffnen von Türen im Alltag ist, so problematisch kann es auf der Bühne sein. Türen können in vier verschiedene Richtungen aufgehen, sie müssen unter Umständen abzuschließen sein oder ein Schlüsselloch zum Durchgucken haben. Vielleicht soll sie zugeknallt werden oder quietschen oder klemmen. Man kann mit ihnen Zusammenstöße organisieren oder mit ihnen die schönsten Verfolgungsjagden und Slapstickeinlagen inszenieren.

Aber das sollte man vorher planen. Bühnentüren sind keine echten Türen, das Bühnenbild ist nicht so stabil wie echte Wände. Und wenn Sie bei der Generalprobe merken, dass beim Zuknallen der Tür die ganze Bühne wackelt, gibt es eine Krisensitzung. Je früher der Bühnenbildner weiß, was Sie mit der Tür alles machen wollen, desto eher kann er beginnen, die Tür genau dafür zu konstruieren.

Besonders Türen, die gut schließen müssen, bedürfen in Stücken, die oft auf- und abgebaut werden müssen (zum Beispiel bei einer Tournee), der besonderen Planung und Pflege.

Wirkung

> »*Nicht die Szene war das Wunder, sondern der Mensch, den er mitten in die Szene stellte und so stellte, dass er sich scharf vom Hintergrund abhob.*«
> Alexander Moissi über Max Reinhardt [54]

Theater besteht aus einer Reihe von starken Bildern, die sich einprägen. Von den wirklich schönen Theaterabenden ihres Lebens haben Sie eine Menge Bilder im Kopf. Und manche von diesen Bildern werden Sie ein Leben lang nicht mehr los. Es lohnt sich also, nach der stärksten optischen Wirkung zu suchen. Wenn Sie bei der Konzeption des Bühnenbildes schon die Szenerie für die großen Momente berücksichtigen (Wo wird er sich erhängen? Wo treffen sie sich nach dreißig Jahren wieder? Wo wird ihr klar, dass sie ihn liebt?), ist es später viel leichter, eindrucksvolle Bilder zu erzeugen.

Requisiten

> »Ein gut plaziertes Requisit spricht manchmal Bände.«
> Alan Ayckbourn [55]

Requisiten sollen echt aussehen, aber nicht echt sein. Ein Schauspieler, der in seiner Rolle ist, hat keine Möglichkeit, sich auf die pflegliche Handhabung der Requisiten zu konzentrieren. Und der Zuschauer glaubt auch so alles. Ein golden bemaltes Stück Holz geht bei der Aufführung auch als Goldbarren durch. Der Koffer sollte vielleicht bei einigen Proben vollgepackt und schwer sein, bei der Aufführung ist er es normalerweise nicht. Schauspieler, die sich körperlich anstrengen, vergessen möglicherweise ihren Text.

... zeigen

Wenn es im Stück um einen Schatz geht, dann will der Zuschauer ihn am Ende auch sehen, und nicht nur die verschlossene Schatzkiste. Und zwar auch dann, wenn der Schatz ein Haufen Plastikmünzen ist. Der herausgebrochene Zahn, das wundertätige Medaillon oder das Buch, in dem die Kugel steckt, die den Helden umbringen sollte: Wenn der Zuschauer die für das Stück wichtigen Dinge sieht, erhöht das seinen Spaß.

... verstärken

Ein Requisit kann helfen, Emotionen erlebbar zu machen. Wenn die Mutter die Todesnachricht ihres Sohnes bekommt, während sie zwei Einkaufstüten trägt, und die Einkaufstüten dann auf den Boden knallen, vergrößert das ihre Reaktion bis in die letzte Reihe. Der Schauspieler, der bei der entscheidenden Idee die Flasche, mit der er die ganze Zeit herumgespielt hat, mit Nachdruck auf den Tisch stellt, vergrößert die Idee. Beim Sex auf dem Schreibtisch fällt beim Höhepunkt mit lautem Geräusch der Locher herunter. Der Held lässt die Waffe fallen, wenn er tödlich getroffen wird. Das durch das Requisit verursachte Geräusch verdeutlicht die innere Reaktion.

... symbolisieren

Spricht ein Schauspieler über jemanden, der gerade nicht auf der Bühne ist, so kann es sinnvoll sein, den abwesenden Partner durch einen Gegenstand oder eine Blickrichtung zu symbolisieren. Das kann dessen Lieblingssessel sein, der auf der Bühne steht, aber auch ein vergessenes Kleidungsstück oder die Tür, durch die er abgegangen ist. Wenn etwas auf der Bühne den abwesenden Schauspieler ersetzt, kann der anwesende Schauspieler seine Beziehung für den Zuschauer sinnlicher, konkreter und nachvollziehbarer machen.

... behindern

Aber Vorsicht! Man kann Szenen mit Requisiten auch kaputtmachen. Mit der Aktentasche in der Hand spielt sich die Umarmung in der tragischen Wiedersehensszene schwerer. Oder Schauspieler, die aus Unsicherheit ständig eine Tasse in der Hand haben wollen oder eine Zigarette, weil sie nicht wissen, was sie sonst machen sollen, nehmen der Szene unter Umständen die Spannung.

Tiere

Tiere sollten auf der Bühne nur ausgestopft oder aus Stoff vorkommen. Es gibt nichts, das mehr ablenkt als ein lebendes Tier. Ich habe Vorstellungen erlebt, die ein einziger Schmetterling völlig durcheinandergebracht hat. Und auch der dressierteste Hund ist nicht berechenbar. Wenn ein Tier auf der Bühne ist, können die Schauspieler spielen, was sie wollen, die Aufmerksamkeit des Publikums richtet sich immer auf das Tier.

Requisiten beschriften

Bei Stücken mit aufwendigen Requisiten habe ich mir angewöhnt, den Namen des Schauspielers jeweils auf »seine« Requisiten zu schreiben. Eine der drei echten Geigen in *Ladykillers* war nach ein paar Proben kaputt, aber keiner wollte es gewesen sein und keiner wollte sie mehr haben. Bei sehr großen Spannungen im Ensemble habe ich sogar schon sämtliche Kleiderbügel mit den Namen beschriftet, weil es Schauspieler gab, die sich immer den nächsten Bügel griffen, anstatt ihren eigenen aus der Kulisse zu holen, wo sie ihn nach einem schnellen Kostümwechsel vergessen hatten.

Probenrequisiten

In großen Theatern gibt es einen Requisiteur, und trotzdem muss man sich als Regieassistent selber um Proberequisiten kümmern. Wenn der Regisseur ein Requisit braucht, ist es Aufgabe des Assistenten, es beim Requisiteur (oder wo auch immer) zu besorgen.

Ein Blatt Papier für den Brief oder ein Stock für das Schwert sind auf den ersten Proben ausreichend, wichtig ist, dass sie vorhanden sind.

Schwamm als Probenrequisit (oben) und Requisitentisch (unten)

Requisitentisch

Man richtet am besten einen Tisch ein, auf dem die Schauspieler nach der Probe ihre Requisiten legen. (Im ungünstigsten Falle sammelt der Assistent die Requisiten da ein, wo die Schauspieler sie haben fallen lassen, und legt sie wieder auf den Tisch für die nächste Probe.) Der Tisch steht während der Proben möglicherweise seitlich oder vor der Bühne, während der Durchläufe und Vorstellungen steht er hinter der Bühne. Er sollte genau so groß sein, dass er nicht behindert, aber es sollten alle Requisiten, besonders wenn sie zerbrechlich sind, genügend Platz darauf haben. Bei Stücken mit vielen Requisiten können auch zwei oder mehr Tische nötig sein, die man zum Beispiel an den Auftrittsorten aufstellt, damit sie schnell greifbar sind. Der Schauspieler kann nicht hinter der Kulisse quer über die Bühne laufen, um sein Requisit zu holen. Auf jedem Tisch klebt eine Liste der für die Aufführung notwendigen Requisiten, damit der Inspizient oder die Regieassistentin oder der Requisiteur vor der Vorstellung genau kontrollieren kann, ob alles da ist.

Essbare Requisiten

Muss ein Schauspieler im Stück etwas essen, so sollte man in Ruhe mit ihm besprechen, was das sein sollte. Der Zuschauer erkennt meist sowieso nicht, was da gegessen wird. Die klare Brühe kann Apfelsaft sein und der Braten ein Stück Wurst.

Sehr beliebt sind Bananen. Im Stück, um sie mit Messer und Gabel zu essen, klein geschnitten als Häppchen. Sie können jedes Essen, das nicht genau zu sehen ist, ersetzen. Essen auf der Bühne sollte leicht zu beißen, zu schneiden und im Notfall auch unzerkaut zu schlucken sein. Vorsicht vor allem Süßen und allem, was bröselt. Das kann sehr leicht zu Hustenanfällen führen oder beim Sprechen behindern. Probieren Sie also aus, was Ihre Schauspieler essen. Das sollten Sie früh genug tun. Die Generalprobe ist der schlechteste Zeitpunkt, zum ersten Mal ein neues Essen auszuprobieren.

Auf essbare Requisiten aufpassen
Schauspieler haben eigentlich immer Hunger, und sie lieben es, Requisiten zu essen. Wundern Sie sich also nicht, wenn Ihr Marmorkuchen, den sie als Ersatz für das Filet auf den Teller legen wollen, nach der zweiten Probe weggegessen ist. Meist helfen auch keine Schilder und keine Ermahnungen. Passen Sie auf essbare Requisiten also auf, sonst ist manchmal schon vor der Probe alles weg.

Den Stücktext vorbereiten

In den seltensten Fällen können Sie ein Stück unbearbeitet, so wie es vom Verlag kommt, an die Schauspieler austeilen und mit den Proben beginnen. Es gibt aber auch viele Gründe, ein Stück vor Beginn der Proben zu bearbeiten.

Länge des Stücks
Die meisten Stücke sind zu lang. Ein Theaterabend sollte mit Pause nur in Ausnahmefällen zweieinhalb Stunden übersteigen. Stoppen Sie die Zeit von drei beliebigen Textseiten, indem Sie den Text lesen und in Gedanken spielen. Sie werden bei jeder Seite ungefähr dieselbe Zeit brauchen. Diesen Wert multiplizieren Sie mit der Anzahl der Seiten, was die ungefähre Stücklänge ergibt. Ein Stück kann so vielleicht zehn Minuten länger werden als erwartet, aber nicht eine halbe Stunde.

Vor der ersten Probe

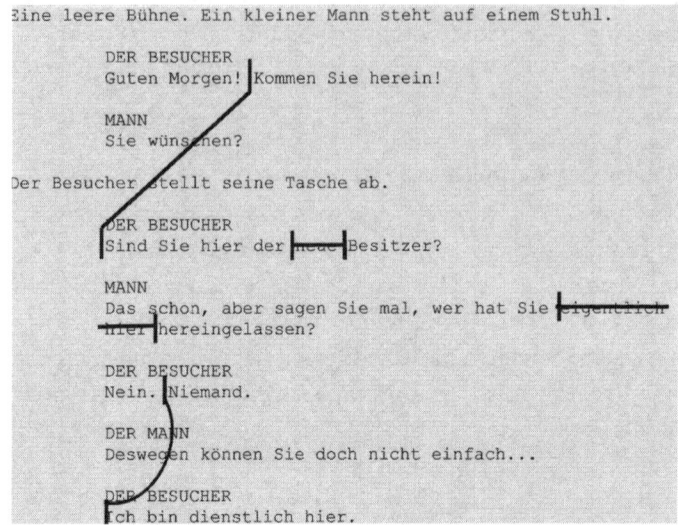

Textbuch mit Strichen

Striche

»Was gestrichen ist, kann nicht durchfallen.«
Alte Theaterweisheit

Wenn das Stück nicht gerade als Reclamheft in jeder Buchhandlung zu bekommen ist, empfiehlt es sich, den Schauspielern die gestrichenen Stellen gar nicht erst zu zeigen. Sonst wird um jede Stelle gefeilscht, und die Schauspieler kämpfen wie die Löwen darum, ihre äußerst wichtigen Textstellen doch zu spielen. Es gibt sogar Schauspieler, die auf der Leseprobe gestrichenen Text einfach mitlesen, und wenn der Regisseur nicht aufpasst, werden die gestrichenen Stellen natürlich auch gespielt. Am schwierigsten ist das Streichen, wenn der Schauspieler den Text schon gelernt hat. Wenn Sie erst bei den Durchläufen merken, dass das Stück zu lang wird oder durchhängt, ist es sehr kompliziert, jetzt noch zu kürzen. Der Schauspieler hat den Text gelernt und malt sich schon die Wirkung beim Publikum aus, und nun muss er seine Sätze hergeben, nur weil der zweite Teil angeblich zu lang ist. Gerade mit der Länge eines Stücks müssen Sie sich also vorher auseinandersetzen.

Und so wird gestrichen: Ein senkrechter Strich hinter dem letzten gesprochenen Wort, ein senkrechter Strich vor dem ersten gesprochenen Wort nach dem Strich. Diese werden durch eine diagonale oder geschwungene Linie verbunden.

Eigennamen

Legen Sie so früh wie möglich die Aussprache der Eigennamen im Stück fest. Hat sich ein Schauspieler beim wochenlangen Lernen an eine Aussprache gewöhnt, ist es sehr mühsam für ihn, dies zu korrigieren. Ändern Sie ruhig die Originalschreibweise im Text, sodass ganz klar ist, wie der Name ausgesprochen wird. Die Schreibweise wird man später ja nicht hören. Sie können die richtige Aussprache von fremdländischen Namen mit viel Mühe recherchieren oder sie deutsch aussprechen lassen. Wichtig ist nur, dass jeder den Namen mit der gleichen Selbstverständlichkeit benutzt.

Auch der Klang kann eine Rolle spielen, um eine Person zu charakterisieren. Miss Boony ist wohl eher rundlich, Juppi eher der Gärtner als der Generaldirektor, und Tina ist die gute Freundin aus Jugendtagen, aber eher nicht die Anwältin der Familie.

Regie- und Spielanweisungen

Autoren schreiben, und Regisseure inszenieren. Regieanweisungen des Autors geben wichtige Hintergrundinformationen zum Ablauf des Geschehens und zur Verständlichkeit des Textes und enthalten außerdem Hinweise, die bei der Zusammenstellung der Requisiten entscheidend sein können. Oft helfen sie beim ersten Lesen, eine Vorstellung vom Stück zu bekommen. Aber bevor die Schauspieler das Stück in die Hände bekommen, sollten die Anweisungen zum größten Teil verschwinden oder zumindest bearbeitet werden. Außer *tritt auf* und *tritt ab* wird später alles auf der Probe entwickelt. Ob der Schauspieler dann wirklich bei seinem ersten Satz von rechts kommt und sich bei dem großen Monolog zum Bühnenrand bewegt, wird sich ergeben.

Inszenieren heißt eigene Spiel- und Regieanweisungen zu entwickeln. Wenn der Autor dem Schauspieler Adjektive *(nervös, verliebt, aufgebracht)* oder Spielanweisungen liefert wie *Er starrte ihn mit aufgerissenen Augen an,* könnten die Schauspieler es genau so umsetzen, und das kann regelrecht falsch sein.

Dass der Satz *Die Vase gefällt mir!* nicht ernst gemeint ist, sagt mir der Autor mittels des Adjektivs ironisch. An dieser Stelle ist seine Regieanweisung sinnvoll.

Aber wenn der Satz *Du bist die Schönste von allen* mit dem Adjektiv *verliebt* kombiniert wird, dann muss unweigerlich Kitsch entstehen. Wenn er in ihre Augen guckt und genau das spielt, was der Satz schon sagt, wird es sehr süßlich. Auch bei *Ich verachte dich* kann nur Schmierentheater herauskommen, wenn ich die Anweisung des Autors *(grimmig)* eins zu eins umsetze.

Betonungshinweise

Betonungsempfehlungen (was betont werden soll, ist unterstrichen) sind für den Schauspieler ein ständiges Ärgernis, weil sie meistens falsch sind. Auch Versalien oder Kursivschrift können seinen Unmut noch steigern. Manche Schauspieler entwickeln geradezu Aggressionen gegen Anweisungen im Text (auch wenn sie richtig sind) und machen voller Lust das Gegenteil. Löschen Sie am besten alle Betonungshinweise des Autors, außer an den Stellen, die missverständlich sein können, z. B. *Haben SIE sie gesehen. – Haben sie SIE gesehen.*

Zeichensetzung

Ein guter Autor bedient sich der Zeichensetzung, um dem Schauspieler das Verständnis des Textes zu erleichtern, die korrekten Interpunktionsregeln kümmern ihn nicht. Und das sollte auch für den Regisseur und Regieassistenten gelten.

Satzzeichen werden in der Regel nicht gesprochen. Wie im Alltagsleben empfiehlt es sich, auch auf der Bühne lange Sätze zu meiden. Sollten Sie ein Stück abschreiben, bearbeiten Sie doch gleich lange Sätze mithilfe der Zeichensetzung, indem Sie z. B. einen Satz wie *Ich habe dich schon gestern bei ihr gesehen, Markus, und mir ist klargeworden, dass ich nicht mehr die geringste Chance habe, sie zu erobern und mit ihr glücklich zu werden.* mithilfe der Zeichensetzung auflösen in *Ich habe dich schon gestern bei ihr gesehen! Markus! Und mir ist (eines) klargeworden: Ich habe nicht mehr die geringste Chance sie zu erobern. Und mit ihr glücklich zu werden.* Der Satz bleibt inhaltlich gleich, ist aber viel einfacher zu spielen und zu sprechen.

Bei der klassischen Literatur, in der man den Text kürzen kann, aber nicht bearbeiten sollte, mag hingegen gerade in der Länge der Sätze und dem Bestreben, sie ganz normal und modern zu sprechen, eine besondere Herausforderung liegen. Das gilt besonders für Stücke in gebundener Sprache.

Druckfehler

Druckfehler sind etwas Furchtbares. Stellen Sie sich vor, ein Schauspieler soll einen Text lernen, der einen Druckfehler hat. Um sich den Text einzuprägen, schaut der Schauspieler nun zigmal die Stelle mit dem Fehler an. Das führt zwangsläufig zu Versprechern.

Oder Schauspieler lernen den Druckfehler einfach mit. Ich habe schon erlebt, wie Schauspieler bei Leseproben merkwürdige Wörter sagten, die sich dann als Druckfehler herausstellten.

Peter Zadek erzählt, dass er Gert Voss auf den Tippfehler »Riffe« anstatt »Schiffer« während der Proben nicht mehr hingewiesen hat, weil ihn das nur durcheinandergebracht hätte.[56]

Ein Stücktext sollte also sehr sorgfältig durchgesehen und gegengelesen werden. Steht der Fehler einmal drin, führt er unweigerlich zu Schwierigkeiten.

Pause

Die meisten Stücke haben eine Pause, schon um den Getränkeverkauf des Theaters anzukurbeln. Die Pause folgt meist nach dem längeren Teil des Theaterstücks. Wenn der Teil nach der Pause länger ist als der Teil vor der Pause, empfindet der Zuschauer das Stück als lang, weil die Inszenierung nicht seinen Sehgewohnheiten entspricht.

Doch letztlich bestimmt die Handlung den Zeitpunkt der Pause. Grund kann zum Beispiel ein großer Zeitsprung in der Geschichte sein oder ein dramatischer Moment, der, kurz vor der Pause vorbereitet, sich nach der Pause abspielt. Wichtig ist, dass sich der Zuschauer für den Fortgang nach der Pause interessiert. Und um diese Spannung zu erzielen, legen manche Regisseure die Pause mitten in die Szene.

Besetzung

> »Man besetzt die Rollen falsch und gedankenlos.
> Als ob alle Köche dick, alle Bauern ohne Nerven,
> alle Staatsmänner stattlich wären.«
> Bertolt Brecht[57]

Schauspieler wünschen sich immer, ihrem Typ entgegengesetzte Rollen zu verkörpern. Für sie ist es natürlich meist spannender, ein anderes Fach zu bedienen und endlich einmal ... zu spielen.

Das Theater bietet da tatsächlich mehr Möglichkeiten als der Film. Die Julia in Skakespeares *Romeo und Julia* kann eine Schauspielerin auch noch mit dreißig spielen, und in mancher Inszenierung fürs Boulevardtheater kriegt der Sechzigjährige am Ende die junge Schönheit.

Aber es geht schneller und macht weniger Arbeit, nach Typ zu besetzen. Nur wenn Sie genug Probenzeit, wirklich gute Schauspieler und eine besondere konzeptionelle Idee haben, sollten Sie sich auf Experimente einlassen.

Vorsprechen

Ein Vorsprechen ist meist für beide Seiten nicht angenehm. Es ist eine künstliche Situation, und der Schauspieler ist beim Vorsprechen alleine, was das Spielen schwieriger macht.

Wenn Sie genügend Zeit haben, empfiehlt es sich, den Schauspieler gleich eine Szene aus dem zu besetzenden Stück lernen zu lassen und auch den Schauspieler zum Vorsprechen zu bitten, mit dem er spielen wird. So kann man sehen, wie die beiden miteinander harmonieren.

Haben Sie weniger Zeit, müssen Sie auf das Vorsprechrepertoire des Darstellers zurückgreifen oder Sie lassen den Schauspieler eine beliebige Szene oder eine Szene aus dem Stück improvisieren.

Auch das persönliche Gespräch mit dem Schauspieler kann Ihnen wertvolle Hinweise geben, wo später eventuell Schwierigkeiten zu erwarten sind. Wenn Sie genau zuhören, können Sie vieles von dem, was kommen kann, bereits erahnen. Spricht der Schauspieler dauernd davon, wie klein die Rolle ist, er es aber trotzdem versuchen will? Oder schwingt Angst mit, weil er »so etwas ja noch nie gemacht hat«? Oder lässt er durchscheinen, dass Ihre übrige Besetzung ein Fehlgriff ist? Auch Sätze wie *Eigentlich bin ich ja zu jung für die Rolle* oder *Goethe hat bei diesem Stück ja noch geübt* oder *So ein Stück habe ich schon oft gespielt* sind Alarmsignale.

Besondere Fähigkeiten der Darsteller

Ein guter Regisseur tut gut daran, in den Vorgesprächen mit den Schauspielern ihre besonderen Fähigkeiten zu klären. Als wir *Die Räuber* von Schiller gespielt haben, hat einer der Räuber jongliert, ein anderer geturnt und wieder einer Geige gespielt. Nicht weil der Regisseur sich das vorgenommen hätte, sondern weil die Schauspieler diese Fähigkeiten mitbrachten. Der Regisseur sollte die Schauspieler so oft wie möglich ermuntern, etwas anzubieten. Verwerfen kann er es immer noch. Aber es wäre doch schade, würde er erst nach der Premiere merken, welches verborgene Talent er nicht genutzt hat.

Image

Schauspieler, besonders wenn sie bekannt sind, lieben es überhaupt nicht, wenn sie gegen ihr Image spielen sollen. Ein Gutmensch aus dem Fernsehen möchte nicht als Psychopath inszeniert werden.

Problematisch kann es werden, wenn er für ein Stück zugesagt hat, das er nicht gelesen hat. Es gibt bekannte Schauspieler, die erst auf der Leseprobe merken, dass der Dorfrichter Adam in Kleists *Zerbrochenem Krug* zwar die Hauptrolle, aber vielleicht nicht der Sympathieträger ist, oder dass ihre Rolle das Stück weit weniger vorantreibt, als sie gedacht haben.

Ein guter Schauspieler spielt natürlich am liebsten den Mörder, weil es die viel bessere Rolle als der unschuldig Verdächtigte ist. Der bekannte Fernsehschauspieler will oft in jeder Szene der Held sein, der ununterbrochen geliebt wird. Das kann sehr anstrengend sein und jedes Regiekonzept sprengen. Auch das sollte ein Regisseur vor der ersten Probe klären.

DIE ERSTE PROBE

> »*So ein erstes Zusammentreffen mit dem Regisseur ist etwas ungeheuer Verwirrendes.*«
> Regine Lutz [58]

Duzen

Beim Theater geht es in der Regel legerer zu als in einer Bank oder einer Behörde, und es wird weniger in Hierarchien gedacht. Am Theater duzen sich fast alle. Besonders an den kleinen Theatern wird bereits beim ersten Vorstellungsgespräch geduzt.

Aber Vorsicht. Besonders ältere Schauspieler und Regisseure wollen, dass man sich das DU »erarbeitet«, wenn es überhaupt je angeboten wird, und sie können sehr empfindlich reagieren, wenn jemand sie einfach duzt. Andere sind wieder beleidigt, wenn man sie »ausschließt«, indem man sie siezt.

Das Gleiche gilt natürlich auch für die technischen Abteilungen. Ein zwanzigjähriger Regieassistent, der einen berufserfahrenen Beleuchtungsmeister ungefragt duzt und ihm auch noch Anweisungen gibt, kann eine Menge Ärger kriegen.

Es gibt noch eine andere Möglichkeit der Anrede: jemanden beim Vornamen nennen und dazu siezen.* Achten Sie einfach in den ersten Tagen darauf, wie man mit Ihnen umgeht, und geben Sie jedem genau das zurück, was Sie von ihm bekommen.

Die Adressenliste

Eine Adressenliste aller Beteiligten, sofern man sie nicht vom Theater bekommt, ist sehr wichtig. Besonders die Handynum-

---

* Das sogenannte Hamburger Sie (selten auch Hamburger Du, Zeit-Sie) ist eine Form der Anrede in der deutschen Sprache, bei der man jemanden beim Vornamen nennt und dazu siezt (Beispiel: »Frank, kommen Sie bitte mal?«). (A. d. Vlg.)

mern der Schauspieler für kurzfristige Änderungen und Verschiebungen sind sehr hilfreich.

Es empfiehlt sich sehr, auf die Adressenliste das aktuelle Datum zu schreiben, damit jeder bei Änderungen weiß, welches die Fassung ist, die er gerade in den Händen hält. Und wer ganz auf Nummer Sicher gehen will, der sammelt beim Austeilen einer neuen Adressenliste die alten Listen alle wieder ein.

Stifte und Textbücher

> *»Wenn Sie sich nun zur ersten Probe mit allen Kollegen im Theater treffen, nehmen Sie vor allem einen Bleistift mit. Besser zwei, denn irgendein Kollege hat todsicher keinen.«*
> *Regine Lutz* [59]

Haben Sie genügend Bleistifte dabei und geben Sie denen, die mit einem Kugelschreiber im Text herummalen, freundlich, aber bestimmt einen Bleistift. Am besten einen mit Radiergummi.

Nicht nur für die erste Probe habe ich auch ein Exemplar des Stücktextes in Reserve. Es gab keine Inszenierung, wo dieser Text nicht irgendwann gebraucht wurde. Oft schon bei der ersten Probe, weil einer seinen Text vergessen, mit Kaffee unbrauchbar gemacht oder ihn verloren hatte.

Die Leseprobe

> *»Zuerst lesen wir das Stück. Da sage ich nichts. Kein Wort.«*
> *Peter Zadek* [60]

Es findet nicht immer eine Leseprobe statt. In den meisten Fällen aber liest das Ensemble als Erstes gemeinsam das Stück. Was den

Prozess des Kennenlernens erleichtert: Jeder hört dem anderen zu, der Regisseur kann unterbrechen und Ideen und Gedanken zur gemeinsamen Arbeit vorstellen.

Handy

Dass die Handys bei der Probe ausgeschaltet werden müssen, ist eigentlich klar, und doch muss man Schauspieler hin und wieder daran erinnern. Also: Nachhaken kann manchmal hilfreich sein.

Sollte man aber einen wichtigen Anruf, z. B. vom Bühnenbildner oder von der Intendanz, erwarten, dann ist es sinnvoll, das Gespräch im Voraus anzukündigen. Das gilt besonders für den Assistenten, denn wenn in der bedeutsamen Szene sein Handy klingelt, kann es Ärger geben. Führen Sie das Gespräch nicht flüsternd, während die anderen proben, denn das irritiert umso mehr.

Also entweder die Probe kurz unterbrechen oder rausgehen, um zu telefonieren.

Sitzplätze

Ein großer Tisch für die Leseprobe ist ideal, sodass jeder eine Unterlage hat, um Korrekturen einzutragen. Allerdings sitzen Schauspieler nicht gern nah am Tisch, wo sie sich nicht bewegen können. Besonders dann, wenn sie den Text schon gut gelernt haben. Es empfiehlt sich also, für ausreichend Platz zu sorgen, damit die Schauspieler sich bewegen können.

Für den Regieassistenten ist es wichtig, wo er sitzt, besonders wenn es einen oder mehrere Hospitanten gibt.

Am besten erst sehen, wohin sich der Regisseur setzt, und sich dann neben ihn setzen, denn so bekommt man jedes Gemurmel, jeden Seufzer mit, und das verbindet. Ein Regieassistent, der sein Pult vier Meter vom Regisseur entfernt aufbaut, wird sich selbst aus der Regieabteilung herausbegeben, einen eigenen, »geheimen« Dialog mit dem Regisseur verhindern und außerdem dem Hospitanten den Platz an der Seite des Regisseurs überlassen.

Nur wenn man jede kleine Bemerkung des Regisseurs mitbekommt, kann man ihm irgendwann seinen eigenen Vorschlag leise mitteilen und so als künstlerische Unterstützung anerkannt werden.

Wenn ich irgendwie konnte, habe ich den Probenraum vorher selbst eingerichtet und dabei auch gleich die Plätze für Regie, Assistenz und die wartenden Schauspieler verteilt. Was nicht heißt, dass sich immer alle danach gerichtet hätten.

Bei der ersten Probe nicht die Sitzgelegenheiten für Bühnenbildner, Kostümbildner oder Techniker vergessen, vorausgesetzt, sie haben sich angekündigt.

Für die Proben empfiehlt sich ein etwas größerer Regietisch in der Mitte vor der Bühne, damit Platz ist für all die Pläne und Zettel und Notizen.

Text beherrschen oder nicht?
Manche Schauspieler lesen auf der Leseprobe ihren Text, als sähen sie ihn zum ersten Mal (was manchmal auch der Fall ist). Ich habe aber auch eine Schauspielerin erlebt, die auf der Leseprobe den Text ausdruckslos vor sich hin sagte, um sich nicht zu früh festzulegen. Sie wollte offen sein für alles, was da kam. Sie brauchte eine Idee länger als die anderen, aber das Ergebnis war verblüffend gut.

Andere Schauspieler beherrschen ihren Text bereits perfekt auf der Leseprobe und arbeiten ohne Buch. Im schlimmsten Fall haben sie Töne und Haltungen schon jetzt mitgelernt und lassen sich nur mühsam wieder davon abbringen. So gab es eine junge Schauspielerin, die nach sechs Wochen anstrengender Probenarbeit auf der Premiere genau so gespielt hat wie beim Vorsprechen für die Rolle. (Manche Regisseure brauchen bei der Premiere schon mal Alkohol…)

Probenplan

> »Des Weiteren hat der Regieassistent die Aufgabe, in Absprache mit dem Regisseur den Probenplan zu erstellen. Dabei muss er sowohl den künstlerischen als auch den räumlichen und personellen Gegebenheiten Rechnung tragen. Jede Probe muss so effektiv wie möglich genutzt werden.«
> Aufgaben des Regieassistenten, Deutscher Bühnenverein
> (Bundesverband der Theater und Orchester)

Regisseure proben ganz unterschiedlich. Manche wissen auf der ersten Probe, welche Szene sie am Ende der zweiten Probenwoche um 14 Uhr proben werden, manche wissen am Nachmittag noch nicht, mit welcher Szene sie anderntags frühmorgens anfangen werden. Andererseits wollen die Schauspieler möglichst bald wissen, wann sie proben, damit sie ihr Privat- oder ihr »zweites« Berufsleben in Ruhe planen können.

Sollte Ihnen als Assistent die Probenplanung zufallen, so verlassen Sie sich nur auf die Vorgaben eines Regisseurs, den Sie gut kennen. Einen Schauspieler zur Probe zu bestellen, der eigentlich einen freien Tag hat, ist eine äußerst undankbare Aufgabe. Einem Schauspieler einen halben Tag freizugeben, weil er doch nicht gebraucht wird, ist eine wunderbare Aufgabe.

Am Anfang sage ich sehr laut und deutlich, dass jeder jeden Tag Probe hat, und wenn ich weiß, wie genau der Regisseur sich an seine eigenen Vorgaben hält, dann plane ich für zwei oder drei Tage.

Probenzeiten

Wenn man ein bisschen Übung hat und entscheiden darf, welche Szene wann geprobt wird, kann man versuchen, Szenen einzelner Schauspieler zusammenzufassen und so ihre Wartezeit verkürzen. Die meisten Schauspieler sind es durch die Arbeit beim Film gewohnt, nicht chronologisch zu arbeiten. Wenn jeder auch proben kann, wenn er anwesend ist, steigert das die Laune ungemein.

Schwierige Szenen sollte man nicht unbedingt ans Ende eines langen Probentages legen.

Bei Proben über vier Stunden Länge sollten von vornherein Pausen eingeplant werden. Auch besessene Regisseure müssen irgendwann etwas essen. (Oder doch nicht alle? Mir wurde von achtstündigen Proben berichtet, bei denen Schauspieler oder Sänger am Rande einer Ohnmacht waren.)

Wie lang eine Probe normalerweise sein soll, lässt sich nicht festlegen. Mir gehen nach fünf Stunden hintereinander die Puste und die Ideen aus. Mit Pausen kann man natürlich beliebig lang proben.

Sperrtermine

Ich lege mir immer einen Plan an, auf dem die Termine vermerkt sind, an denen die Schauspieler gesperrt sind, weil sie zum Beispiel filmen oder Synchrontermine haben. Ein Blick auf diesen Plan macht auch deutlich, ob die Planungsmöglichkeiten durch zu viele Sperrtermine eines Schauspielers eingeschränkt werden. So kann man dem Regisseur gute Argumente liefern, warum dem einen Schauspieler für einen privaten oder beruflichen Termin nicht freigegeben werden kann, dem anderen aber schon.

Effektivität der Proben

Die Schauspieler wollen nicht nur, dass der Regisseur weiß, was er will, sondern auch, dass mit ihrer Zeit zweckmäßig umgegangen wird. Ihr Arbeitswillen und ihre Arbeitsleistung steigern sich, wenn sie nicht stundenlang warten oder tagelang an drei Sätzen arbeiten müssen.

Halten Sie sich an die Probenzeiten, proben Sie alle Szenen in etwa gleich häufig und haben Sie Respekt vor Ihren Schauspielern.

Geprobte Szenen

Buch darüber zu führen, wie oft jede Szene geprobt wurde, halte ich für empfehlenswert. Denn so kann der Assistent selbst begründete Empfehlungen geben oder dem Regisseur eine genaue Antwort geben, falls der wissen will, mit welcher Szene er sich noch zu wenig beschäftigt hat. Nicht die Schauspieler in dieser Szene sind schlecht, sondern die Szene ist nicht ausreichend geprobt worden. Das klingt freundlicher.

Reihenfolge

Auch hier kann es Eifersüchteleien geben. Es ist *ihre* große Szene, und *sein* Name steht vor ihrem auf dem Probenplan. Gehen Sie nach einem festen System vor (alphabetisch oder nach Personenregister im Stück) und halten Sie sich daran. Sie ahnen ja gar nicht, wie viele Möglichkeiten es gibt, sich benachteiligt zu fühlen, wenn man danach sucht.

Ende der Probe

Die Probenzeit zu überziehen, darf kein Problem darstellen. Man beißt sich manchmal fest und muss doch ein bestimmtes Pensum schaffen. Das kann zum Beispiel bei den ersten Durchläufen der Fall sein oder am Ende der Stellproben.

Deswegen habe ich es mir angewöhnt, die voraussichtliche Probenzeit immer länger anzugeben als die tatsächliche. Mit Schauspielern, die mit ihren Gedanken schon woanders sind, kann man nicht arbeiten. Sollen die Schauspieler ruhig vermuten, dass sie früher wegkommen, aber ein Recht darauf haben sie nicht. Das voraussichtliche Ende der Probe wurde ja für alle sicht- oder hörbar angekündigt. Auch für probenbesessene Schauspieler sollte die Probe nach Möglichkeit nicht länger werden als ausgemacht.

Verpflegung

Bei langen Proben ist es ratsam, sich etwas Verpflegung mitzunehmen, aber essen Sie nie, während andere auf der Bühne arbeiten. Schauspieler regen sich kaum über etwas mehr auf, als über Regieassistenten, die an Wurstbrötchen kauen, während sie seit drei Stunden ununterbrochen auf der Bühne stehen und nicht mal auf die Toilette kommen. Auch keine Gummibärchen oder Chips. Der Einzige, der während der Probe am Kaffeebecher nippen darf, ist der Regisseur. Alle anderen Anwesenden dürfen nur während einer Unterbrechung trinken. Essen während der Probe ist tabu. Bei Bedarf muss man den Probenraum kurz verlassen. Und auch in der Pause wird nie auf der Bühne gegessen, sondern immer im Zuschauerraum. Da sind Schauspieler abergläubisch.

Getränke
Bei kleineren Produktionen, bei denen weit und breit keine Kantine oder ein Supermarkt in der Nähe ist, hat sich der Regieassistent auch um die Getränke zu kümmern. Sie können das ablehnen und erklären, dass Kaffeekochen oder Teebrühen nicht zu Ihren Aufgaben gehört. Meiner Meinung nach hat aber ein guter Regieassistent ein paar Dinge zu organisieren, damit sich alle wohl fühlen. Und da gehören die Getränke mit dazu.

Guter Kaffee spielt eine besondere Rolle. Lachen Sie nicht! Auch wenn ich selber kein Kaffeetrinker bin, so hat doch schon so mancher gute Kaffee während der Probe die Stimmung deutlich gehoben und zur allgemeinen Zufriedenheit beigetragen.

Das Aroma hält sich in Kaffeebohnen natürlich länger als in gemahlenem Kaffee, aber für einen Probenkaffee ist der gemahlene Kaffee ungleich praktischer. Am besten mittelfein gemahlen. Für Espressomaschinen ist der fein gemahlene Kaffee besser, beim manuellen Aufbrühen sollte man eine grobe Mahlung verwenden. Man rechnet bei einem sehr guten Kaffee pro Tasse (150 ml) etwa 5–7 g Kaffeepulver, für vier Tassen also etwa drei gehäufte Teelöffel oder 1,5 gehäufte Esslöffel.

Der Einfachheit halber werden die meisten Regieassistenten aber mit einer Kaffeemaschine arbeiten. Sollte diese verschmutzt sein, reinigt man sie am besten mit einem Essig- oder Zitronensäurereiniger und lässt sie danach zweimal mit Wasser durchlaufen.

Bei Teetrinkern genügt es, heißes Wasser und Tassen zur Verfügung zu stellen. Trinken viele Ensemblemitglieder Tee, kann der Kauf von Tee zentral organisiert werden, aber da auch die Geschmäcker in dieser Richtung meist sehr unterschiedlich sind, empfiehlt es sich, dass jeder seine Teesorte mitbringt.

Auch Mineralwasser sollte immer zur Verfügung stehen. Schauspieler wollen in der Regel kein stark sprudelndes Wasser. Also sollte man einen Kasten Mineralwasser besorgen, eine Hälfte mit, die andere ohne Kohlensäure, den man mit Bechern in den Probenraum stellt. Jeder gibt das Geld für eine Flasche in eine bereitgestellte Dose. Das gilt auch für den Kaffee und den Tee.

Beschriftung

Neben dem Mineralwasserkasten oder den Bechern liegt ein dicker schwarzer Filzstift, mit dem Becher oder Flaschen beschriftet werden. Das erhöht die Disziplin beim Wegräumen und ermuntert zur Wiederverwendung der Becher. Außerdem muss der Regieassistent weniger spülen und aufräumen.

Aufenthaltsraum

Schauspieler, die, während die Kollegen proben, anfangen zu lachen oder zu flüstern, können sehr störend sein.

Wenn die Möglichkeit besteht, für die wartenden Schauspieler einen Aufenthaltsraum zu schaffen, in dem dann auch gegessen und getrunken wird, bedeutet das eine große Erleichterung. Im Aufenthaltsraum kann auch das strikte Handyverbot aufgehoben werden, denn dort stört es niemanden.

Und wenn der Regisseur den Akt doch noch mal von vorne anfangen will, kann der Assistent ihm schnell die dafür nötigen Schauspieler aus dem Aufenthaltsraum holen.

THEATERREGIE

>*»Viel besser als ein schlechter Regisseur ist gar kein Regisseur.«*
>*Alan Ayckbourn* [61]

Gute Regisseure, die sich ausschließlich von ihrer Intuition leiten lassen, habe ich nicht kennengelernt. Nicht nur ein Gefühl für Timing und ein theatralischer Instinkt sind Voraussetzung für eine geglückte Regie, sondern auch die handwerklichen Fähigkeiten und eine sehr intensive Beschäftigung mit dem Stück.

Regie führen

>*Probenzeit ist Lebenszeit*

>*»Was ist ein Regisseur ohne einen Schauspieler? Ein Nichts.*
>*Und was ist ein Schauspieler ohne Regisseur?*
>*Immer noch eine Hoffnung.«*
>*Regine Lutz* [62]

»Regie führen« ist keine demokratische Angelegenheit. Der Regisseur führt, und die Schauspieler führen aus. Das heißt nicht, dass sich der Regisseur wie ein Feldwebel aufführen muss und seine Vorstellungen mit Gewalt durchsetzt. Es bedeutet vielmehr, dass, wenn auch nächtelang durchdiskutiert wird und er auf das hört, was andere sagen, die letzte Entscheidung immer beim Regisseur liegt. Wenn man einen Schauspieler oder Assistenten als zweiten Regisseur zulässt, führt bald das ganze Ensemble Regie und die Aufführung wird kein einheitliches Gefüge sein, falls sie überhaupt zustande kommt.

Regie führen hat erst in zweiter Linie mit einem erfüllenden Schaffensprozess zu tun. In erster Linie bedeutet es harte Arbeit, ein Höchstmaß an Konzentration und die Fähigkeit, eine Gruppe von künstlerischen Individualisten durch alle Widrigkeiten zur Premiere zu führen.

Umgang mit Schauspielern

>*»Schauspieler sind Kinder, die wie Erwachsene angezogen sind.«*
>*Gerda Daners, Tourneeleiterin*

Es gibt Schauspieler, die ständig gelobt werden müssen, und andere, die manchmal einen verbalen Tritt vors Schienbein brauchen. Manche sind arbeitswütig, andere meiden die Proben, wo sie nur können, und es gibt die, die leidenschaftlich gern diskutieren, und andere, die still vor sich hin leiden. Manche müssen dauernd im Mittelpunkt stehen und rufen, wenn ihnen das am Tag nicht gelungen ist, nachts an und holen sich ihre persönliche Portion Zuneigung ab. Es gibt verhinderte Regisseure, die nach der Probe mit Vertrauten eine zweite Probe machen, und andere wollen wieder nicht, dass man sich so lange mit ihnen beschäftigt.

Aus diesen Individualisten das Beste herauszuholen und aus diesem zusammengewürfelten Haufen ein Ensemble zusammenzustellen, das ist wohl die schwerste Aufgabe eines Regisseurs. Die wichtigste Regel dabei lautet, dass es keine Regel gibt.

Anweisungen

Regisseure, die wenig Zeit haben, sagen genau, was sie wollen, in kurzen, präzisen Sätzen: *Spiel ihn aggressiver – Stell dich mehr nach rechts – Es heißt nicht DU gehst jetzt, sondern du GEHST jetzt.*

Bei guten Schauspielern ist das kein Problem. Sie setzen um, was der Regisseur sagt, und versuchen, es mit Leben zu füllen.

Auch wenn in erster Linie das Ergebnis zählt, empfiehlt es sich, dies nicht zu betonen. Denn gerade bei Anfängern kann das zu Problemen führen. Es ist besser, nicht zu sagen, wie es später auszusehen hat, sondern wie der Schauspieler dorthin gelangt: *Spür den Druck noch stärker – Du willst genau sehen, was passiert – Schmeiß sie einfach raus!*

Der Schauspieler empfindet die Anweisungen so weniger als Korsett, in das er eingezwängt wird, sondern als Richtlinie für die Entwicklung, die er einschlagen soll. Fordern Sie nicht das Ergebnis, zeigen Sie den Weg!

Negative Anweisungen

Negative Anweisungen können wir nicht verarbeiten. *Fuchtle nicht dauernd mit der linken Hand* führt nicht nur dazu, dass der Schauspieler weniger fuchtelt, sondern dass er den Text vergisst und unnatürlich redet, weil er die ganze Zeit daran denkt, nicht zu fuchteln.

Wenn Sie einen Schauspieler auffordern, ab sofort einen Namen nicht auf eine ganz bestimmte Art und Weise auszusprechen, wird vor dem Namen immer eine kleine Denkpause entstehen. Wenn Sie ganz beiläufig die korrekte Aussprache des Namens ins Spiel bringen und mehrfach wiederholen, übernehmen es die Schauspieler ganz automatisch.

Machen Sie aus der negativen Anweisung eine positive. Bitten Sie zum Beispiel den zappelnden Schauspieler, mit den Händen Überlegenheit und Ruhe auszustrahlen. Oder geben Sie ihm die Erlaubnis, es anders zu machen: *Du kannst die Hände ruhig hängen lassen.*

Du kannst ruhig weiter nach rechts gehen ist besser als *Stell dich da hin* oder *Es stört mich nicht, wenn du mehr um sie kämpfst* ist besser als *Du darfst nicht leiser werden.*

Unbestimmte Anweisungen

Sagen Sie genau, was Sie meinen, und lassen Sie den Schauspieler nicht im Unklaren, was er tun soll.

Sei du selbst! Sei offen! Sei direkter! sind Anweisungen, mit denen ein Schauspieler nichts anfangen kann, so wenig wie mit *Du musst einfach ein bisschen konkreter gucken* oder *Der Satz muss gemeinter sein.* Unsinnig ist auch *Du musst das purer spielen* oder *Du musst die Sätze beißen.* Natürlich ahnen wir, wie das gemeint sein könnte, aber warum sagt der Regisseur es nicht? *Du musst schlank bleiben in den Sätzen* oder *Es muss was Schwebenderes haben* – das sind alles Anweisungen, mit denen sich der Regisseur nicht festlegen will, aber genau das ist seine Aufgabe.

Es gibt nichts Schlimmeres für einen Schauspieler als einen unsicheren Regisseur, der ständig *könnte* und *würde* benutzt und alles mit einem langgezogenen *Jaaa* kommentiert.

Entwicklung im Probenprozess

> »*Theater ist ein Handwerk. Ein Regisseur arbeitet und hört hin. Er hilft den Schauspielern dabei, zu arbeiten und hinzuhören. Das ist das Leitprinzip. Deshalb stellt ein Prozess ständiger Wandlung nicht einen Vorgang der Verwirrung, sondern des Wachstums dar. Darin liegt der Schlüssel. Das ist das Geheimnis. Wie Sie sehen, ist es ein offenes Geheimnis.*«
> Peter Brook [63]

Mit einem Stück arbeiten heißt, es besser kennenzulernen und somit unter Umständen zu neuen Erkenntnissen zu kommen. Es ist ein sehr spannender Prozess, sich mit einer Gruppe von Schauspielern dem Kern, dem Geheimnis, der zweiten Ebene eines Stücks zu nähern. Voraussetzung dafür ist aber die Bereitschaft, aufzugeben, umzustellen, neu anzufangen. Wenn Sie erkennen, dass Sie in die falsche Richtung inszeniert haben, dann treffen Sie so schnell wie möglich eine grundsätzliche Entscheidung. Haben Sie keine Angst davor, sich zu widersprechen. Und Regieassistenten sollten offen mit den Änderungen des Regisseurs umgehen und nicht dauernd an die Anweisungen von gestern erinnern.

Ein Nachteil von häufigen Änderungen kann allerdings sein, dass Schauspieler und Technik sie als Aufforderung verstehen könnten, selbst immer neue Ideen und Vorschläge beizusteuern. Nicht vergessen: Der Regisseur allein bestimmt!

Fehler
So wie Sie das Recht auf eigene Fehler haben, so sollten Sie auch dem Schauspieler das Recht auf verrückte Ideen, Irrwege, falsche Überlegungen und Sackgassen zugestehen. Je fehlerfreundlicher Sie sind, desto mehr steigt die Lust am Ausprobieren und Finden. Solange der Schauspieler sich traut, auch ungewöhnliche Vorschläge zu machen, steigen Ihre Auswahlmöglichkeiten.

Das hat natürlich Grenzen, und irgendwann ist Schluss mit Ausprobieren – beide Seiten müssen sich festlegen. Aber Proben heißen Proben, damit etwas ausprobiert werden kann.

Mitlachen
Es gibt nichts, was Schauspielern während der Probe einer Komödie mehr helfen kann als ein lachender Regieassistent, ja besser noch, ein lachender Regisseur. Wie Kinder, denen man immer wieder sagt, wie lieb man sie hat, blühen sie auf und entdecken in sich neue schauspielerische Qualitäten. Die Sicherheit, mit der ich eine Sache tue, ist Teil ihrer Wirkung.

Aber tun Sie nicht so, *als ob* Sie lachten. Sie haben es mit Schauspielern zu tun. Die bemerken jeden falschen Ton.

Theaterregie

Laufenlassen

> »Was meine persönliche Methode betrifft: Ich lasse in den
> ersten Proben den Schauspieler ›laufen‹. Das heißt, ich lasse
> ihn spielen, wie er ohne meine Einflussnahme spielen würde.
> So versuche ich die Kräfte aufzuspüren, die er mir
> von sich aus für meinen Inszenierungsgedanken mitbringt.
> Otto Falckenberg [64]

Wenn die Schauspieler auf die Probe kommen, haben sie etwas vorbereitet, was sie anbieten wollen. Lassen Sie sie gewähren, denn all das wäre weg, wenn Sie als Regisseur jetzt zwei Stunden lang zuerst einmal Ihre Konzeption erläutern würden. Erklären Sie auf der ersten Probe lediglich, was Sie sich vorstellen. Holen Sie dann das Angebot Ihrer Schauspieler ein. Und wenn Ihnen das nicht gefällt, arbeiten Sie daran.

Diskutieren

Führen Sie Zeiten ein, in denen diskutiert, und Zeiten, in denen geprobt wird. Beide Phasen sollten, vor allem wenn die Proben schwierig sind, streng getrennt voneinander sein. Nach vier Stunden Diskussion haben alle Kopfschmerzen, und die Bereitschaft, in die Szene einzusteigen, sinkt auf den Nullpunkt. Nach der Probe sind Diskussionen herrlich. Sie finden in der »Freizeit« statt, wodurch sichergestellt ist, dass es sich nicht um bloße Probenvermeidung handelt.

Während der Proben führen sie aufgrund der verlorenen Zeit bald zu größeren Auseinandersetzungen.

Ausprobieren

Die Anweisung: *Probier doch mal folgendes* ist eine Zauberformel und bedeutet weder, dass es so gemacht werden muss, noch, dass es besser ist, sondern dass wir uns die Zeit nehmen und auch mal Alternativen ausprobieren sollten.

Warum sollte sich ein Schauspieler weigern, etwas auszuprobieren? Die Widerstände werden viel geringer sein als vielleicht befürchtet. Auch der Regisseur hat noch die Möglichkeit, seine eigene Idee trotz Ausprobierens (oder gerade deswegen) zu verwerfen.

Judith Weston empfiehlt sogar, noch weiter zu gehen: »Der Satz, den ich in diesem Zusammenhang persönlich favorisiere, lautet: ›Es könnte sein, dass das nicht funktioniert.‹ Damit löse ich jede Anspannung.«[65]

Zwingen sollten Sie Ihre Schauspieler auf keinen Fall. Allerdings gibt es Schauspieler, die eine solche Anweisung nicht ernst nehmen und den Vorschlag nicht wirklich ausprobieren.

Fragen stellen

Fragen stellen ist ein hervorragendes Mittel, eine Szene zu entwickeln. *Meint deine Figur das ernst?* oder *Findest du, dass sie da lachen sollte?* sind Anstöße, um über das Erarbeitete nachzudenken. Und zwar nicht, indem Sie kritisieren, was der Schauspieler gerade dargestellt hat, sondern es »in Frage stellen«. Dabei kann herauskommen, dass man auf dem richtigen Weg ist oder nicht.

Fragen stellen ist wertfrei, bezieht alle mit ein und kann doch die Entwicklung in eine bestimmte Richtung lenken. Lässt ein Schauspieler bei Kritik oft alles bisher Gespielte weg, so betrachtet er die als Fragen formulierten Gedanken als Bereicherung und fügt sie seinem Spiel hinzu.

Vormachen

Tun Sie es nicht! Sie sollten nach Möglichkeit nicht vormachen oder den Text vorsprechen. Womöglich wird der Schauspieler zu einem Nachplapperer und Wochen brauchen, um das, was Sie vorgemacht haben, mit eigenem Leben zu füllen. Ihre Schauspielerführung mag hervorragend sein und Sie selbst auch ein guter Schauspieler, doch machen Sie dem Schauspieler nicht vor, wie er das, was Sie wollen, gestalten und umsetzen soll.

Sollte es sich nicht vermeiden lassen, weil die Zeit drängt und er Sie wirklich überhaupt nicht versteht, dann bieten Sie ihm verschiedene Varianten an, murmeln etwas von so ähnlich oder so und ziehen sich zurück. Jetzt lassen Sie ihm ein Mindestmaß an Entscheidungsfreiheit, und es fällt ihm viel leichter, sich für Ihren Vorschlag zu entscheiden.

Texthänger
Bleiben Schauspieler immer wieder an denselben Textstellen hängen, ist das oft kein Zufall. Ist das Stück dort unlogisch? Gibt es einen dramaturgischen Bruch? Es empfiehlt sich auf jeden Fall, solche Stellen genau anzusehen. Denn neben Nachlässigkeit und mangelndem Eifer beim Textlernen kann so ein dauernder Hänger auch Ursachen haben, die für den Regisseur von Wichtigkeit sind.

Schwierige Szenen
In jeder Inszenierung gibt es Passagen, die einfach nicht so recht gelingen wollen, wie Teile einer Komposition, die nicht zum Rest des Bildes passen. Man doktert permanent daran herum, doch ohne Ergebnis.

Sollte Ihnen so etwas passieren, empfehle ich Ihnen, die Szene nicht nur ein wenig, sondern radikal zu verändern. Machen Sie es nicht nur anders, machen Sie es neu! Versuchen Sie das Gegenteil. Gewinnen Sie eine völlig neue Sicht. Das ist viel erfolgversprechender, als bloße kosmetische Korrekturen anzubringen. Das gilt auch, wenn Sie sich mit dem Schauspieler über die Szene nicht einigen können.

Stufen

Ein Schauspieler kann sich nur eine bestimmte Menge an Regieanweisungen auf einmal merken. Es empfiehlt sich also, in schwierigen Szenen stufenweise vorzugehen. Fangen Sie klein an und sagen Sie nicht gleich alles, was Sie in der Szene wollen.

Stellen Sie sich vor, der Hauptdarsteller bekommt in der Szene Besuch, soll einen langen Monolog halten, eine Flasche holen, zwei Gläser aus dem Schrank nehmen, einen Öffner aus der Küche besorgen, die Flasche öffnen, einschenken und schließlich seinem Besuch zuprosten. Wenn Sie das auf der ersten Probe alles auf einmal von ihm verlangen, wird die Szene zum Problemfall.

Beginnen Sie die Szene ohne Requisiten. Dann stellen Sie die Gläser und die Flasche auf den Tisch (es geht nur ums Einschenken), dann fügen Sie stufenweise mehr hinzu. Der Schauspieler wird sich freuen, dass Sie ihm nach und nach so viel zu tun geben, ohne ihn zu überfordern. Sie erreichen, dass er sicherer wird, indem Sie das Ziel nicht gleich so hochstecken.

Beherrscht der Schauspieler bereits seinen Text auf der Probe perfekt, kann man schon früher komplexe Anweisungen geben.

Kritik

Kritik ist manchmal notwendig. Es gibt Schauspieler, die brauchen deutliche Worte und etwas Druck. Deutlich zu machen, dass etwas noch nicht so ist, wie man sich's vorstellt, gehört zum Ehrlichsein dazu. Und da müssen Sie für jeden Typ Schauspieler die richtigen Worte finden: antreiben oder loben, beruhigen oder auch darauf vertrauen, dass es von selbst wird.

Auch hier kommt es wie bei der Kritik ganz entscheidend auf die Form an. Sagen Sie dem Schauspieler nicht, wie er ist, sondern wie er von Ihnen wahrgenommen wird. Geben Sie ihm ein Feedback, wie seine Darstellung wahrscheinlich auf den Zuschauer wirkt, und sagen Sie ihm dagegen nicht, dass er larmoyant ist oder die Rolle noch nicht gefunden hat.

Schlechte Proben
Schlechte Proben sind ganz normal und kein Grund zur Verzweiflung. Ich habe noch nie eine Probenarbeit erlebt, die sich linear entwickelte. An manchen Tagen macht das Stück einen großen Sprung, an anderen tritt man auf der Stelle.

Eine schlechte Leistung oder Probe ist aber nie eine Katastrophe oder Anlass zur Besorgnis, sondern Teil des ganz normalen Probenprozesses. Denken Sie daran, dass Sie Teil des Probenprozesses sind und wenn etwas nicht klappt, es vielleicht auch an Ihnen liegt.

Der Regisseur soll sich nicht wundern, dass auch nach einem Drittel der Probenzeit mindestens einer der Protagonisten eine Krise hat und alles in Frage stellt. Das ist normal, überall und immer.

Ehrlichkeit
Sie müssen nicht alles sagen, was Sie denken. Schon gar nicht nach jeder Probe. Es gibt Schauspieler, die bringen einen auf den ersten Proben zur Verzweiflung, weil sie den Text nicht können, und sind später hervorragend. Es gibt Proben, die sich tagelang nicht bewegen, und Schauspieler, die mit der Szene oder der Rolle kämpfen. Es wäre unklug, immer und alles zu sagen, was man über die geprobte Szene gerade denkt.

Aber mit dem, was Sie sagen, sollten Sie ehrlich sein. Die Schauspieler müssen sich auf ihr Urteil verlassen können. Wenn Sie den noch sehr hölzern wirkenden Kollegen glänzend finden, glauben Ihnen die anderen nichts mehr.

Loben

> »*Ein Schauspieler, der sich im Glauben seines
> Regisseurs gewiegt sieht, wächst zusehends, wenn anders
> er überhaupt Wachstumsfähigkeit in sich trägt.*«
> *Heinz Hilpert* [66]

Wenn Sie loben, loben Sie nie alle gleichmäßig. Das nimmt dem Lob die Qualität. Sollte jemand einen Schritt gemacht haben, dann sagen Sie ihm das, auch vor den anderen. Nur dann kommt das Lob auch als Lob an. *Ihr wart alle toll, besonders du* löst beim Angesprochenen keine angenehmen Gefühle aus.

Der Schauspieler ist sehr verletzbar da oben auf der Bühne, und er braucht nichts mehr, als Ihren Glauben an ihn. Sie dürfen unzufrieden sein, Sie dürfen kritisieren, Sie dürfen ausprobieren, aber um über sich hinauszuwachsen, braucht der Schauspieler das Gefühl, dass Sie an ihn glauben.

Und benutzen Sie Lob nie als Einleitung zu einer Kritik. Denn so kommt das Lob, wenn es denn ernst gemeint ist, überhaupt nicht an.

Deutliche Worte

Den Schauspieler als speziellen Typus gibt es nicht. Sie sind alle sehr eigene Persönlichkeiten und grundverschieden. Und deswegen kann auch ein ordentliches Donnerwetter manchmal angebracht sein. Manche bedanken sich, dass man ihnen deutlich die Meinung gesagt hat. Bleibt es nur bei Andeutungen, beherrscht der Schauspieler seinen Text womöglich bis zur Premiere noch nicht.

Die Kunst besteht darin, zu wissen, wer eine Standpauke braucht, wenn sich nichts bewegt, und wer besser wird, wenn man ihn lobt.

Zeitpunkt für Kritik

In den ersten Probentagen erfolgt die Kritik, also Prüfung und Beurteilung des schauspielerischen Ergebnisses, unter Umständen nach jedem Satz, dann nach jeder Szene und später bei Durchlaufproben nach jedem Akt und schließlich am Ende des ganzen Stücks.

Manche Regisseure verlegen die Kritik des Durchlaufs auf den folgenden Tag. Für kleine Stellungsänderungen oder technische Probleme ist das eine gute Methode, weil sich diese Änderungen sofort umsetzen lassen.

Für grundsätzliche Überlegungen hinsichtlich der Rolle und der jeweiligen Haltung sollte der Schauspieler aber immer die Möglichkeit bekommen, die Anweisungen über Nacht zu verarbeiten, sogar für sich zu proben, um eigene Vorschläge machen zu können.

Kritik untereinander

Man kann Schauspielern nicht vorschreiben, wie sie miteinander umgehen. Aber wenn während Ihrer Probe ein Schauspieler – auch wenn der nicht nur Schauspieler, sondern ein für seine genialen Einfälle berühmter Regisseur ist – auf der Bühne oder vom Zuschauerraum einem anderen Schauspieler einen Tip oder eine Kritik gibt, schreiten Sie sofort ein und verbieten es. Keiner der Schauspieler hat dem Kollegen auf der Bühne künstlerische Vorschläge zu machen. Abends beim Wein können alle machen, was sie wollen.

Einer führt Regie, und zwar der Regisseur. Er schützt seine Schauspieler und zeigt ihnen, dass sie sich auf ihn verlassen können.

Fallen und Fettnäpfchen

Ob Sie Regisseur oder Regieassistent sind: Egal, was ein Schauspieler Ihnen an Aussagen über sich selbst anbietet, stimmen Sie ihm nicht zu. Machen Sie Ihre eigenen Beobachtungen! Hören Sie selbst zu! Sagen Sie, was Ihnen auffällt, aber stimmen Sie nur im Ausnahmefall zu und widersprechen Sie nur im Ausnahmefall. Es könnte eine Falle sein.

Wenn Sie auf die lauernde Bemerkung *Den zweiten Akt habe ich irgendwie noch nicht* mit *Ja* antworten, ist alles verloren. Wenn Sie auf die Feststellung von Herrn Kannicht, dass sein Satz nicht stimmt, mit einem neuen Vorschlag antworten, ist alles verloren. Und wenn Sie auf die Frage, ob Schauspielerin Binichgut nicht doch besser als Frau XY ist, mit *Nein* antworten, ist auch alles verloren.

Seien Sie auf der Hut. Jeder noch so harmlose Satz kann eine Falle sein, in die Sie geraten, wenn Sie die Eitelkeit oder die Selbstzweifel eines Darstellers bestätigen.

Antworten auf Fragen

Auch Fragen können Fallen sein. Fragen wie *Soll ich wirklich hier stehen?* oder *Hast du den Satz so gemeint?* können der Ausdruck eines tiefen Unbehagens sein oder bloß ganz normale Fragen.

Wenn Schauspieler Fragen stellen, ist in der Regel etwas nicht in Ordnung. Sie haben ein Anliegen. Herauszufinden, was dem Schauspieler auf dem Herzen liegt, ist Ihre Aufgabe, wobei es hilfreich sein kann, mit einer Gegenfrage zu antworten. Auf *Ich komme also von rechts durch die Tür?* können Sie mit *Ja* antworten oder mit *Findest du denn, der Graf sollte rechts durch die Tür kommen?* Auf die Frage *Soll ich knien oder stehen?* kann die Antwort lauten *Was sagt dir denn dein Gefühl?*

Das hat nichts mit Unentschlossenheit zu tun. Sie werden es ja sowieso entscheiden, und das klar und deutlich und verbindlich. Aber mit Ihren Gegenfragen finden Sie heraus, ob etwas gegen Ihre Regieanweisung spricht, ob der Schauspieler sich vielleicht gerade nur ärgert oder tatsächlich Ihre Idee nicht versteht und warum er sie nicht versteht.

Ich kann nicht

Wenn ein Schauspieler sagt *Ich kann das nicht*, heißt das sehr viel. Erfahrungsgemäß drückt er aber damit meist nicht aus, dass er etwas wirklich nicht kann, sondern er benutzt das Nichtkönnen als Hebel, um auf etwas anderes hinzuweisen. Vielleicht auf das Kostüm, den gestrichenen Satz oder den egoistischen Kollegen. Fragen Sie nach, was der Schauspieler Ihnen sagen will.

Auch wenn Schauspieler scheinbar leichte Aufgaben nicht bewältigen, wollen sie vielleicht nur auf die Unsinnigkeit der letzten Regieanweisungen verweisen.

Einfühlungsvermögen

Auch wenn Schauspieler eine Zeit lang alles machen, was man ihnen sagt, so kommt doch irgendwann der Punkt, an dem sie rebellieren, wenn man gegen ihren Willen oder ohne ihr Einverständnis arbeitet. Am Anfang steht der Wille, die Rolle zu behalten und zu zeigen, dass man sie bewältigt, und die Dankbarkeit für die Besetzung.

Mit der Zeit lernt man die Kollegen und den Regisseur besser kennen, und mit zunehmender Probenarbeit sinkt die Wahrscheinlichkeit einer Umbesetzung. Das macht die meisten Schauspieler mutiger. Sollten Sie also versuchen, etwas mit Gewalt durchzusetzen, werden Sie irgendwann am Ende des Probenprozesses die Quittung bekommen. Vergessen Sie deshalb nie, die anderen von Ihren Ideen zu überzeugen.

Zuhören

Die meisten Schauspieler hören nicht zu. Das ist normal, denn wenn ich gerade der Prinz von Homburg im gleichnamigen Stück von Heinrich v. Kleist bin, habe ich weder Zeit noch Lust für ein langes Gespräch mit dem Regisseur, wie ein bestimmter Satz zu sprechen sei. Ich möchte möglichst schnell umsetzen, was der Regisseur will, um endlich weiterzuspielen. Schauspieler nicken und drängen weiterzumachen, und das oft bevor sie richtig verstanden haben, was der Regisseur von ihnen will. Manchmal passiert es aus Nervosität oder weil der Schauspieler sich über etwas anderes so geärgert hat, dass er dichtmacht.

Je weiter die Proben voranschreiten, desto größer sollten die Einheiten sein, die Sie durchspielen lassen, damit die Schauspieler nicht aus der szenischen Situation herausgerissen werden. Vergewissern Sie sich auch stets aufs Neue, dass Sie verstanden worden sind.

Regisseur und Regieassistent

> *Sei freundlich zu den Leuten, an denen du bei deinem Aufstieg vorbeikommst. Du wirst sie beim Herunterkommen wiedertreffen.*
>
> (Managerspruch)

Ein guter Regisseur kennt diesen Spruch und wird seinen Assistenten nicht scheuchen und fertigmachen (obwohl das natürlich immer wieder passieren kann). Im Grunde braucht auch der Regisseur eine Vertrauensperson, jemanden, mit dem er über das sprechen kann, was er jeden Tag erlebt.

Umgekehrt hat unter Umständen der Regieassistent ein anderes Verhältnis zu den Ensemblemitgliedern und erfährt von Spannungen lange vor dem Regisseur und kann dann gegensteuern oder notfalls den Regisseur informieren.

In dem Mikrokosmos Probe geschehen jeden Tag erstaunliche Dinge, die nicht nur sehens-, sondern auch besprechenswert sind. Mit ein bisschen Glück und gegenseitiger Sympathie sind Regisseur und Assistent ein eingeschworenes Team.

Erster sein

Seien Sie als Erster da! Als Regisseur sind Sie vor den Schauspielern da, um sie zu begrüßen und in Ihrer Inszenierung an diesem Probentag willkommen zu heißen. Als Regieassistent sind Sie vor dem Regisseur da. Sie haben gelüftet, Dekoration und Requisiten aufgebaut und ihm so das Gefühl gegeben, dass alles für ihn vorbereitet ist.

Außerdem haben sich viele Regisseure über Nacht etwas einfallen lassen, und der Assistent bekommt vielleicht noch vor Beginn der Probe ein paar Aufträge, die er bis zur Probe zu erledigen hat. Damit muss man immer rechnen. Gut, wenn dann die Dekoration und die Requisite schon vorbereitet sind. Wer einmal in der Situation war, dass das ganze Ensemble auf den Assistenten warten musste, weil der noch etwas aufbauen musste, kommt das nächste Mal lieber noch eine Viertelstunde früher.

Eigene Kritik

> *»Ich ertrage es nicht, wenn mir jemand während der Proben reinredet – nicht aus Eitelkeit, sondern weil ich sofort den Faden verliere.«*
> Peter Zadek [67]

Dass der Regisseur immer wieder Anmerkungen macht, ist klar, aber Regieassistenten ist das meist nicht erlaubt. Schauspieler fühlen sich bei den Proben schutzlos, und wenn jeder, der unten im Theater sitzt, seine Meinung über ihre Arbeit herausposaunt, kann das sehr verletzen und verstören.

Es ist empfehlenswert, als Regieassistent erst einmal lange gar keine Anmerkungen zu machen. Die Regisseure haben meist eine sehr viel längere Erfahrung, und manches erscheint erst auf den zweiten Blick sinnvoll. Den sollte man abwarten.

Außerdem haben Regisseure oft eine bestimmte Absicht, wie sie mit einem Schauspieler umgehen. Sie kritisieren vielleicht nicht, weil die Unsicherheit des Schauspielers dadurch sogar noch größer werden könnte oder weil sie ihm mehr Zeit geben wollen. Man spricht mit dem Regisseur ab, wie man sich verhalten soll. Oft ist es am besten, die eigenen Anmerkungen dem Regisseur nach der Probe zu sagen oder schriftlich mitzuteilen, und der entscheidet dann, was er davon den Schauspielern weitersagt.

Recht haben

Auch wenn Assistenten Recht haben – Assistenten haben nie Recht. Beharren Sie nicht darauf, dass Sie Recht haben *(Ich kann beweisen, dass Sie das gestern genau so gesagt haben!)*. Kein Mensch will den Beweis dafür haben, dass er falsch liegt – und Regisseure sind meist sehr empfindlich.

Treten Sie auch nicht nach, wenn der Regisseur schließlich doch entdeckt, dass Sie Recht haben *(Habe ich doch gesagt!)*.

Am besten machen Sie sich ein T-Shirt mit der Aufschrift »Ich bin schuld!« oder einen Button mit dem Slogan »Ich war's!«. Das ist das beste Mittel für effektive und streitfreie Proben. Das meine ich ganz ernst. Als Regieassistent sollen Sie lernen, und Ihre Aufgabe ist es nicht, zu zeigen, was Sie alles können. Auch wenn das sehr viel sein sollte. Regieassistent ist ein Dienstleistungsberuf wie kaum ein anderer.

Regieassistenz

Während einer Probe kann der Assistent Aufgaben übernehmen, die nicht unbedingt zu seinem Arbeitsbereich gehören, etwa Kaffee kochen, Requisiten basteln, Kostüme bügeln, Musik einspielen, Bühne aufbauen, Schauspieler ersetzen während einer

Durchlaufprobe. Aber es gibt ein paar Aufgaben, für die nur er zuständig ist.

Ausrüstung

Schon zur ersten Probe habe ich einen kleinen Werkzeugkasten dabei sowie dicke schwarze Filzstifte und vor allem Klebeband in verschiedenen Farben zum Markieren und Einzeichnen von Möbeln, Umrissen noch nicht vorhandener Versatzstücke und imaginärer Türen und Fenster. Auch eine Schere, Kordel, Schmierpapier, Tesafilm, Pflaster, Taschenmesser etc. sind von Nutzen.

Hilfreich sind außerdem Hustenbonbons, Hals- und Kopfschmerztabletten sowie Taschentücher. Außerdem sollten Sie wissen, wo es einen Erste-Hilfe-Kasten gibt. Schauspieler haben panische Angst vor Ansteckung oder Verletzung, da sie ja nicht krank werden dürfen.

Kaugummi

Sicher unterscheidet sich jeder Regisseur und jede Produktion voneinander, doch alle verbindet eine große Abneigung gegen Kaugummi, und ein in einer ruhigen Szene Kaugummi schmatzender Regieassistent kann leicht Ärger bekommen.

Das Gleiche gilt für Schauspieler, die vor der Szene in der griechischen Tragödie »vergessen«, ihren Kaugummi herauszunehmen.

Digitale Fotos

Im Zeitalter von Smartphones und Digitalkameras empfiehlt es sich, besonders Bühnenbild, Anordnung der Requisiten und Kostüme regelmäßig zu fotografieren. Eine Wohnung kann ich zum Beispiel zu Stückbeginn immer wieder in die gleiche Unordnung versetzen, wenn ich diese mit der Digitalkamera bzw. dem Smartphone einmal aufgenommen habe. Und auch Requisitenlisten lassen sich zu Hause mit ein paar Fotos leichter anfertigen.

Manchmal ist fotografieren sogar leichter als aufschreiben. Ein Foto vom kaputten Schreibtischbein für den Bühnenbildner sagt mehr als lange E-Mails.

CD-Spieler/Laptop

Bei manchen Inszenierungen wird bei den ersten Proben bereits mit Musik gearbeitet. Als Regieassistent ist man für den richtigen Einsatz der Musik in einer Szene zuständig. Besprechen Sie also mit dem Regisseur, ob ein Abspielgerät oder ein Laptop (evtl. mit vorher zusammengestellten Playlisten) gebraucht wird.

Regiebuch

> »*Das Regiebuch mit seinen Notizen ist die Grundlage für die späteren Repertoirevorstellungen und Wiederaufnahmen. Aus ihm muss jederzeit ersichtlich sein, welches Konzept einer Inszenierung zugrunde liegt und wie das Stück verlaufen soll.*«
> *Tätigkeitsbeschreibung Regieassistent, Deutscher Bühnenverein*

Der Regieassistent führt also das Regiebuch, aus dem alle wichtigen Informationen zu Spielanweisungen, Rollenbesetzung und Text hervorgehen. In der Theorie zumindest.

Regine Lutz, die zehn Jahre Mitglied in Bertolt Brechts Berliner Ensemble war und so ziemlich alle Mädchenrollen unter seiner Regie gespielt hat, beschreibt: »Der einsame, einzelne Regieassistent, der wie ein Sperber in leicht vorgebeugt-horchender Stellung dastand, hütete dieses dicke Buch zusammen mit seinem Meister wie einen Schatz.«[68]

Dick ist das Regiebuch deswegen, weil zwischen den Seiten des Stücks leere Seiten eingeheftet sind (man nennt das »eingeschossene Blätter« oder ein »durchschossenes Buch«), auf denen der Regisseur – während der Proben der Regieassistent – seine Notizen macht.

Damit die Hand beim Schreiben nicht auf der Heftung oder den Ringen des durchschossenen Exemplars liegt, empfiehlt es sich für Rechtshänder, die leeren Seiten so einzuheften, dass Sie auf der rechten Seite schreiben können und sich der Stücktext auf der linken Seite befindet. (Für Linkshänder gilt das entsprechend umgekehrt.)

Aber natürlich können Sie Stücktextseiten aus Büchern auch in die Mitte von DIN-A4-Seiten kopieren. Am besten haben Sie das ganze Stück aber im Computer und drucken es mit genügend Zeilenabstand aus, um jede Menge Platz für Notizen zu haben. Einige Bühnenverlage bieten aber auch Stückfassungen im DIN-A4-Format an, mit denen man gut arbeiten kann.

Bleistift

Alle Notizen werden natürlich mit einem Bleistift gemacht, denn bei der nächsten Probe kann schon wieder alles ganz anders sein – der Radiergummi ist manchmal noch nötiger als der Bleistift, der immer gespitzt sein muss, sonst erkennen Sie irgendwann nicht mehr, was Sie da eilig hingekritzelt haben. Haben Sie genügend Ersatzstifte dabei! Wenn neue Szenen gestellt werden, kann es sehr hektisch sein, und Sie haben keine Zeit, sich in Ruhe um Ihren Bleistift zu kümmern.

Ein wichtiges Dokument

Bei vielen Theatern wird erwartet, dass das Regiebuch nach der letzten Probe im Betriebsbüro abgeliefert wird und zum Beispiel für Umbesetzungen oder Wiederaufnahmen zur Verfügung steht. Dieses Buch sollte deswegen für jeden verständlich sein. Besonders Textänderungen sollten nicht reingeschmiert werden, sondern ordentlich protokolliert werden und leserlich sein.

Stellungen der Figuren
Neben den im Regiebuch vollständig notierten Textänderungen sind dort auch die Stellungen der Figuren festgehalten. Wer steht oder sitzt wo. Natürlich sind auch diese mit Bleistift eingetragen.

Bei großen Produktionen hat sich eine Skizze des Bühnenbildes auf der leeren Seite bewährt, in die ich mit Pfeilen die Stellungen einzeichne. Mit Fotokopien des Bühnengrundrisses zu arbeiten, ist wohl nur bei sehr großen Ensembles und bei ausgefeilten Choreographien eine wirkliche Erleichterung. Auch ein Stempel des Grundrisses kann eine Hilfe sein.

Aber Vorsicht! So schön es ist, die Stellung einer Figur aus der letzten Probe behalten zu haben und sie auf Anfrage dem Schauspieler mitteilen zu können, so ärgerlich ist es, dem Schauspieler gleich zu Probenbeginn ungefragt die letzte Stellung seiner Figur vorzuschreiben. Dies könnte nämlich eine in der Probe sich ganz organisch neu entwickelnde Stellung verhindern.

Hilfreich ist ein Zeichensystem. Das können Sie erfinden, oder Sie halten sich an die allgemein üblichen Zeichen.

Eine andere Möglichkeit ist es, eine Zahl in den Text zu schreiben und die Aktion dazu auf die eingeschossene Seite. Das ist vor allem im Musiktheater unverzichtbar, denn dort werden Aktionen auf die Musik inszeniert. Mit den Zahlen kann der exakte Punkt festgehalten werden.

Gänge, die als gerade oder gebogene Linien in den Grundriss eingezeichnet werden, brauchen immer eine Richtung (Pfeil) und das Kürzel der Rolle. Dazu die Zahl, an welcher Textstelle der

Gang stattfinden soll. Vergessen Sie diese Informationen, haben Sie bald ein heilloses Durcheinander.

Im Idealfall sollte auch jemand anderes etwas mit Ihrem Regiebuch anfangen können, aber wenn es sehr schnell gehen soll, hilft auch eine persönliche Handschrift.

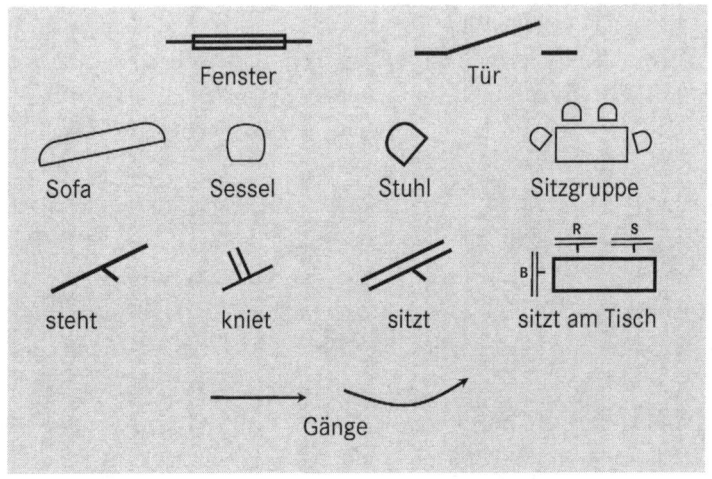

Beispiel eines Zeichensystems

Weitere Notizen
Während der ersten Probe mögen Sie sich den Umgang mit Requisiten leicht einprägen, um anschließend womöglich zwei Wochen zu brauchen, um bewusst die Handlungen in der Wiederholung sinnvoll erneut ineinandergreifen zu lassen.

Auch wenn es für einen guten Regieassistenten sicher kein Qualitätsmerkmal ist, dass er alle Fragen beantworten kann, so ist es doch zumindest am Anfang eine große Befriedigung, wenn sich herausstellt, dass man der Einzige ist, der hier aufgepasst hat.

Schreiben Sie also möglichst viele Informationen mit, aber bestehen Sie nicht darauf, dass alles bei der nächsten Probe genauso gemacht wird.

Gesten und Blicke

Überlassen Sie die dem Schauspieler. Der Platz, den Sie zum Mitschreiben haben, ist begrenzt. Wenn ein Schauspieler gesagt bekommt, dass er bei diesem Satz gestern nach rechts geblickt oder die Bewegung so gemacht hat, degradieren Sie ihn zur Marionette. Allerdings kann es passieren, dass er Sie am nächsten Tag fragt, wann er seine Liebste in die Arme genommen hat. Ein bisschen Fingerspitzengefühl ist also auch hier vonnöten. Anfangs genügt es, die größeren Bewegungen und Handlungen zu notieren. Mit zunehmender Probenarbeit folgt die Feinarbeit.

Notizen für die Abteilungen

Während der Proben liegen auf meinem Assistententisch eine Reihe von Zetteln, die für die einzelnen Abteilungen bestimmt sind (weswegen dieser Tisch ruhig ein bisschen größer sein kann). Sagt der Regisseur etwas zum Kostüm oder zur Technik, wird dies auf dem entsprechenden Zettel notiert, um es am Ende des Tages oder der Woche an die jeweilige Abteilung weiterzureichen.

Das Text- oder Rollenbuch

> *»Das Rollenbuch ist ein streng gehüteter Alleinbesitz, es darf um nichts auf der Welt verlorengehen, es wird nie verliehen, nicht hergezeigt und wie ein gutes Kartenblatt leicht gebogen vorm Nachbarn verborgen.«*
> *Regine Lutz* [69]

Normalerweise wissen Schauspieler noch nach vielen Vorstellungen sehr genau, wo ihre Sätze im Textbuch gestanden haben. Besonders zum Zeitpunkt der Proben, wo sie ihren Text noch nicht perfekt beherrschen, lesen sie sozusagen von ihrem »inneren Textbuch« ab. Daher mögen sie es gar nicht, wenn der Text neu formatiert und möglicherweise der Zeilen- und der Seitenumbruch geändert werden. Ein Schauspieler will das Manuskript, das er zu Probenbeginn bekommen hat, in der Regel behalten, auch wenn es noch so ramponiert aussieht.

Auf diesen Umstand sollte ein Regieassistent Rücksicht nehmen. Liegt der Text zum Beispiel im Computer vor und ergeben sich während der Proben so viele Textänderungen, dass der Regisseur die entsprechende Seite neu ausgedruckt haben will, sollte der Regieassistent unbedingt versuchen, den Zeilen- und Seitenumbruch beizubehalten.

Wird Text gestrichen, entsteht eine Lücke. Damit zusätzlicher Text auf das Blatt passt, muss vielleicht die Zeichengröße verkleinert werden. Reicht das nicht und eine neue Seite ist nötig, darf diese wiederum nicht ganz vollgeschrieben werden, um wenigstens den Seitenumbruch der folgenden Seite zu erhalten.

Ich kann aber auch Textbausteine zurechtschneiden und sie in das alte Textbuch kleben, das der Schauspieler so ungern hergibt.

Bei einer Neuinszenierung oder auch einer Umbesetzung mit neuen Schauspielern kann der Text je nach Bedarf wieder auseinandergeschoben oder zusammengezogen werden – für die Neubesetzung spielt der Seitenumbruch erst einmal keine Rolle.

Markierungen

Der Regieassistent zeichnet für jede Szene die Stellung der Möbel auf den Bühnenboden. Hierfür eignet sich Kreide, aber besser noch farbiges Klebeband, das an der linken äußeren Ecke eines Möbelstücks angebracht wird. Wird das Möbelstück nicht rechtwinklig aufgestellt, wird außerdem die rechte hintere Ecke markiert.

Hat das Stück viele Schauplätze mit verschiedenen Möbeln, benutze ich Klebebänder in verschiedenen Farben, die für mich einen Bezug zur Szene herstellen, z. B. Blau, wenn in der Szene getrunken wird, Weiß für Straßenmarkierungen, Grau für die

Markierung eines Möbelstücks

Berge, Orange für ein Bild am frühen Morgen und Rot für ein schummriges Tanzlokal.

Soufflieren

Souffleur/Souffleuse ist ein eigener Beruf. Sie signalisieren dem Darsteller die Einsätze und helfen über Hänger hinweg. Jeder, der am Theater gearbeitet hat, weiß, wie schwer dieser Beruf ist. Stundenlang liest der Souffleur den Text mit. Dafür ist nicht nur absolute Konzentration, sondern auch absolutes Fingerspitzengefühl erforderlich: Hat der Schauspieler den Text tatsächlich vergessen, oder pausiert er, um eine eindrucksvollere Wirkung zu erzielen? Ein Souffleur braucht viel Gelassenheit und Einfühlungsvermögen. Seien Sie froh, wenn da jemand ist, der das schon einmal gemacht hat. Sollten Sie aber trotzdem diese schwierige Aufgabe übernehmen müssen, gibt es einiges zu beachten, damit Frau Staatsschauspielerin nicht noch nervöser wird.

Den Schauspieler sehen

Sie müssen den Schauspieler immer sehen. Das heißt, Sie können mit dem Finger den Text entlangfahren und sich immer wieder vergewissern, wo die Darsteller gerade sind, aber sie dürfen sich nicht in das Buch vergraben. Nur wenn Sie sehen, was die Schauspieler machen, erfahren sie, ob eine Pause gespielt ist oder ob der Schauspieler einen Hänger hat.

Ein hilfloser Blick oder kleine Gesten helfen Ihnen, den Schauspieler zu retten, bevor es auffällt. Schauspieler, die mit den Fingern nach Ihnen schnipsen, wenn sie den Text nicht können, oder wedelnde Bewegungen machen, um Sie zur Mitarbeit zu animieren, habe ich immer höflich gebeten, das sein zu lassen. Aber Sie müssen wissen, wie dick Ihr Fell wirklich ist.

Lautstärke und Gestaltung

Die Lautstärke muss individuell auf den Schauspieler abgestimmt werden. Wenn Sie zu leise sind, macht ihn das Soufflieren nur nervöser. Und auf der Probe muss das Soufflieren nicht versteckt werden. Sprechen Sie die Wörter und Sätze hörbar und deutlich. Gestalten Sie den Text nicht, auch wenn Sie dazu eine Begabung haben. Der Schauspieler will die Worte und nicht den Ausdruck eines Satzes, um weiterzukommen. Die schöpferische Gestaltung ist allein dem ausgebildeten Mimen vorbehalten.

Ganze Gedanken soufflieren

Soufflieren Sie nicht zu kurze Textstellen. Viele Schauspieler lernen zu Beginn der Proben nicht den genauen Wortlaut, sondern den Gedanken, der den Worten zugrunde liegt, und sie gehen erst später zum wortgetreuen Text über. In diesem Stadium nutzen einzelne soufflierte Worte verhältnismäßig wenig. Sprechen Sie den ganzen Satzteil vor! Hängt der Schauspieler allerdings mitten im Satz und stimmt dessen sonstiger Aufbau, dann braucht er lediglich zwei bis drei zusammenhängende Wörter.

Pausen
Machen Sie sich Pausenzeichen in den Text, wenn Sie sicher sind, dass in der Szene einen Moment geschwiegen wird. Einmal eine Pause durch Vorsagen des Textes zu stören, ist erlaubt, zweimal kommt nicht so gut an. Arbeiten Sie auch hier nie ohne Bleistift in der Hand.

Nicht gelernter Text
Die Anweisung *Gib mir einfach immer rein!* ist sehr beliebt, wenn der Schauspieler überhaupt nicht vorbereitet ist. Ernstzunehmende Regisseure beenden an dieser Stelle dann meist die Probe.

Text abhören
Es gibt Schauspieler, die Regieassistenten bitten, mit ihnen den Text zu lernen. Das kann ein netter Zusatzverdienst sein oder auch eine nette Geste von Ihnen, aber lassen Sie sich nicht ausnutzen.

Ähnlich wie beim Soufflieren muss man wissen, in welchem Stadium des Lernens der Schauspieler ist. Will er, dass man kontrolliert, ob er den Text wortwörtlich sagt, oder will er, dass man ihm die Stichworte liefert, damit er den großen Bogen findet. Das bespricht man am besten vorher.

Die Stellprobe

Die zweite Probe oder der zweite Teil der ersten Probe ist oft eine Stellprobe, in der Wege und Positionen der Schauspieler zunächst grob vorgegeben und eingeübt werden. Sehr oft haben die Schauspieler dazu die Textbücher noch in der Hand.

Im Gegensatz dazu erarbeiten manche Regisseure zuerst die »Beziehungen« der Figuren untereinander, ohne die Stellungen festzulegen.

Verzögerungstaktik

Schauspieler haben auf der ersten Probe vor allem ein Ziel: nicht sofort auf die Bühne zu müssen. Sollte die erste Probe eine Leseprobe sein, so verschiebt sich der Wunsch, eben auf die zweite Probe. Bei der Leseprobe ist man ja noch vor der Bühne sicher.

Das klingt paradox, ist aber ganz verständlich. Nur ganz wenige Schauspieler haben ihren Text wirklich schon perfekt gelernt. Man weiß noch nicht, wo man hin soll, man kennt die Kollegen noch nicht. Hinauf auf die Bühne zu gehen, kostet viele Schauspieler erst einmal Überwindung, was sich in unzähligen Fragen ausdrücken kann, die zu beantworten keinen Aufschub duldet, zum Beispiel wo denn die Premierenfeier stattfinden wird. Die Nervosität vor der Premiere ist manchen Schauspielern schon jetzt anzumerken.

Strichwünsche

Schauspieler kommen auf der ersten Probe fast immer mit Strichwünschen. Der Text sitzt meist noch nicht richtig, mit der Figur ist man noch nicht vertraut, und viele benutzen den Strichwunsch als Ausrede, warum die Szene noch nicht gelernt wurde.

Strichwünsche auf der ersten Probe sollten Sie nach Möglichkeit ignorieren. Sehr wahrscheinlich kommt der Schauspieler drei

Tage später (der Text ist gekonnt, er kennt die Figur besser) und will die gestrichenen Stellen wieder spielen, weil sie eine ganz besondere dramaturgische Wirkung hätten, die er nicht verschenken dürfe. Wenn Sie den Strichwunsch nicht selbst einsehen, empfehlen Sie dem Schauspieler, noch ein oder zwei Tage mit dem Strich zu warten, und das Thema erledigt sich von selbst. Er wird mit großer Wahrscheinlichkeit nicht mehr darauf zu sprechen kommen.

Inszenieren

Es gibt Regisseure, die das Stück mehrmals lesen oder mit Improvisationen beginnen, aber in den meisten Fällen beginnt nach der Leseprobe die Arbeit des Inszenierens. Jetzt werden Auftritte, Gänge und Positionen verabredet und festgelegt, Requisiten eingesetzt, Monologe und Dialoge mit Gesten und Haltungen einstudiert.

Die Länge der Probenzeit kann man nicht verbindlich angeben. Ein vierstündiger Klassiker braucht mehr Probenzeit als vier Einakter, einer Boulevardkomödie mit vielen Schauspielern und Kostümwechseln gibt man mehr Probenzeit als einem Zweipersonenstück. Im Durchschnitt dauert die Probenzeit sechs Wochen. Da mindestens die letzte Woche ausschließlich der Technik gehört, ist die Probenzeit fast immer zu kurz.

Jetzt folgen ein paar grundlegende Tipps zur Inszenierung einzelner Szenen und Dialoge. Da Regieassistenten ja nicht selbst inszenieren, werden Sie vieles davon zunächst nicht umsetzen können. Aber es schadet nichts, sich mit den Grundlagen der Theaterregie vertraut zu machen. Wer weiß, was Ihr Regisseur alles noch nicht weiß …

Theaterregie

Der große Auftritt

> »*Einmal fragte auf der ersten Probe ein Schauspieler übereifrig:* ›Wo tret' ich auf?‹ – ›Treten Sie nicht auf – kommen Sie herein.‹«
>
> Fritz Kortner [70]

Die Bühne zum ersten Mal innerhalb des Stückes zu betreten, ist für den Schauspieler ein besonderer Moment. Schauspieler wollen meist, dass der Auftritt bedeutend und groß inszeniert ist, Stars erwarten vielleicht sogar Szenenapplaus.

Für den Zuschauer ist es wichtig, die Übersicht zu behalten. Also, wenn es der Stücktext zulässt, kommt ein Schauspieler nach dem anderen auf die Bühne, sodass man die Protagonisten nach und nach kennenlernen kann. Wichtige Rollen bekommen einen größeren Auftritt, indem sie beispielsweise durch die Mitteltür kommen, vor dem Auftritt einen Moment Stille herrscht (oder auch nachdem sie aufgetreten sind) oder indem sich alle anderen anwesenden Schauspieler ihnen zuwenden. Wenn ich etabliert habe, wie groß eine Figur ist, dann können weitere Auftritte »kleiner« sein.

Regine Lutz rät jungen Schauspielern: »Wenn Sie zum Beispiel bei Szenenbeginn bereits auf der Bühne sind, dann schnattern Sie nicht gleich beim ersten Lichteinfall drauflos; nehmen Sie sich immer die Zeit, und seien es nur Bruchteile von Sekunden, um Ihre Grundhaltung präsent zu machen. Vergessen Sie nicht: Sie können sich innerlich vorbereiten, aber Ihre Zuschauer nicht.«[71]

Innere und äußere Haltung

> »*Der Charakter, also die innere Haltung Ihrer Figur, muss auf der Bühne durch Ihre körperliche Haltung sichtbar werden.*«
> Regine Lutz [72]

Im Idealfall sehen Sie einem Schauspieler, wenn er auftritt, schon an, welche Rolle er im Stück spielt. Nun müssen sich nicht alle Ganoven verschlagen winden und nicht alle Könige feierlich schreiten.

Aber ein Mensch, dem das Leben schwerfällt, lässt vielleicht die Schultern hängen, jemand, der körperlich schwer arbeitet, geht anders als ein Finanzbeamter, und jemand, der von einem bestimmten Gefühl wie Wut oder Trauer beherrscht wird, drückt dies auch mit seinem Körper aus.

Aufmerksamkeit

Ein Schauspieler bekommt mehr Bedeutung, wenn er sich dem Publikum zuwendet (auch wenn er es nicht wahrnimmt). Ein einzelner wird wichtiger, wenn er von der Gruppe getrennt ist oder wenn die Gruppe in seine Richtung schaut. Ein Schauspieler, der geht, während alle anderen stehen oder umgekehrt, erhält ein größeres Gewicht. Auch durch ein Kostüm oder eine besondere Aufmachung erlangt ein Schauspieler gegenüber den übrigen eine größere Bedeutung, etwa durch das edle Gewand des Königs oder das schwarze des Todes.

Die Aufmerksamkeit des Publikums kann ich also nicht nur durch Knalleffekte wie Wunderkerzen oder Explosionen steuern, sondern auch durch die Komposition der Darsteller.

Theaterregie

Spannung erzeugen

Zwei Personen, die weit voneinander entfernt sind, erzeugen Spannung. Ein streitendes Ehepaar wird die ganze Bühne einnehmen und sich auch über große Entfernungen streiten.

Liebespaare durch Gitter oder Rosenhecken zu trennen erzeugt ebenfalls Spannung.

Gruppen stelle ich so zusammen, dass die Parteien deutlich erkennbar sind. Der Freund steht neben mir, der Feind hält Abstand von mir.

Das Durchbrechen der Schutzzone eines anderen Menschen ist im Zuschauerraum ohne viele Worte sehr gut als Geste der Vertrautheit oder als ein aggressiver Akt des Gegenspielers zu erkennen. Auch körperliche Distanz bzw. Nähe bei Begrüßungen veranschaulichen sehr gut die Beziehung der Protagonisten zueinander.

Blickrichtung

Mithilfe einer bestimmten Perspektive kann ein Regisseur den Blick des Zuschauers lenken. Mal richtet sich der Blick wie bei einer Großaufnahme auf ein einzelnes Geschehen, mal nimmt er den Gesamtablauf als Totale wahr.

Vor einem wichtigen Satz müssen Sie den Blick der Zuschauer auf den Sprecher lenken. (Der könnte zum Beispiel vorher aufstehen.) Wenn Sie wollen, dass die Zuschauer mitbekommen, dass der Schauspieler am rechten Rand der Bühne gerade etwas versteckt, muss er sich vorher die Aufmerksamkeit des Publikums geholt haben. Schlechte Schauspieler versuchen genau das zu vereiteln, indem sie im Hintergrund der großen Liebesszene ihre Hose richten oder beim Showdown zum Schluss hinten neben dem Kamin einen Hustenanfall bekommen. Sind die Zuschauer mit ihrer Aufmerksamkeit nicht mehr bei den Protagonisten, ist die Spannung dahin.

Bühnenmitte
Die Bühnenmitte ist ein besonderer Ort. Hier wird alles wichtiger und größer. Hier bekommt der Schauspieler die größte Aufmerksamkeit. Viele Regisseure meiden in den ersten zwei Dritteln eines Stückes diese Mitte, um dann die Schlussdialoge oder das Schlussbild genau dort stattfinden zu lassen. Wenn schon der erste Wortwechsel in der Mitte stattfindet, fehlt die Steigerungsmöglichkeit.

Fußspitzen
Die Fußspitzen der Schauspieler stehen normalerweise in Richtung des Dialogpartners. Hat der Schauspieler zwei Gesprächspartner, wechselt er auch häufig die Stellung seiner Füße. Nur in schlechten Aufführungen stehen die Protagonisten mit den Fußspitzen zum Publikum und sprechen (oder singen) parallel zur Rampe über die Schulter miteinander.

Um Desinteresse oder Ablehnung zu zeigen, breche ich diese Regel, und zwei unterhalten sich, während sie in eine ganz andere Richtung sehen oder gehen.

Anschauen
Bei Gesprächen im Alltag schaue ich meinen Gesprächspartner eher selten an. Wenn ich Essen koche und mein Gesprächspartner ist im Raum, kann ich mich weiter mit dem Kochen beschäftigen, ohne ständig zu ihm hinsehen zu müssen. Auch wenn Gespräche stark monologisch sind, schauen wir uns nur etwa die Hälfte der Zeit in die Augen.

Aber Theater ist nicht Alltag. Hier bedeutet alles etwas. Wenn ich wegschaue, wird der Zuschauer das als Zeichen werten, genauso wenn ich plötzlich hinschaue. Die Spannung wird unterbrochen oder aufgebaut.

Gesten

Bewegungen auf der Bühne müssen größer sein.

»*Ihr Augenspiel können die Zuschauer
auf diese Distanz einfach nicht wahrnehmen.*«
Regine Lutz [73]

Ein Augenzwinkern ist höchstwahrscheinlich im Rang nicht mehr zu sehen und ein Zucken der Mundwinkel schon gar nicht. Theaterschauspieler müssen manchmal zu etwas mehr Extrovertiertheit ermuntert werden. Etwas, was man nicht sieht, ist sinnlos. Wo im Film eine Träne genügt, muss auf der Bühne geweint werden.

Brecht unterteilt »einzelne Gesten. Solche, die anstelle von Aussagen gemacht werden und deren Verständnis durch Tradition gegeben ist, wie (bei uns) das bejahende Kopfnicken. Illustrierende Gesten, wie diejenigen, welche die Größe einer Gurke oder die Kurve eines Rennwagens beschreiben. Dann die Vielfalt der Gesten, welche seelische Haltungen demonstrieren, die der Verachtung, der Gespanntheit, der Ratlosigkeit und so weiter.«[74]

Egal, um welche Geste es sich handelt, schreiben Sie dem Schauspieler seine Geste niemals vor. Lassen Sie ihn ausprobieren, bitten Sie ihn, etwas anzubieten, aber legen Sie die Gesten nicht fest.

In eine Richtung zeigen

Kein Problem hat der Schauspieler mit der passenden Geste, wenn er nur in eine Richtung zeigen *(Da drüben!)* oder jemanden in eine Richtung schicken soll *(Lauf da runter!)*. Er zeigt mit Arm oder Hand in die entsprechende Richtung.

Wenn er allerdings auf ein Objekt in der Ferne zeigen soll *(Seht ihr das Haus?)*, zeigt er mit Arm oder Finger in die ungefähre

Richtung, und stößt mit einer kleinen Bewegung von Arm oder Finger nach, wenn er das gesuchte Objekt gefunden hat. Diese kleine Geste zeigt, dass er nach dem Moment der Suche jetzt in der Ferne etwas sieht.

Überflüssige Gesten

> *Schlechte Schauspieler zeigen, anstatt zu sein.*

Schlechte Schauspieler illustrieren alles, was sie spielen. Sie halten die Hand vor die Stirn, wenn sie suchend in die Ferne sehen; sie tanzen, wenn sie sich freuen; sie schütteln den Kopf, wenn sie nicht einverstanden sind, und sie zeigen auf sich, wenn sie von sich sprechen.

Wenn ich dem Zuschauer durch Gesten zeigen muss, was ich denke, dann hört jedes Schauspielen auf.

Wenn jemand bei dem Satz *Dort habe ich als Kind immer die leckeren Burger gegessen* bei dem Wort *dort* auf den Tisch zeigt, bei *ich* auf sich, bei *Kind* die Hand waagerecht einen Meter in die Höhe hält und bei *Burger* mit beiden Händen einen Hamburger greift, dann sieht das albern aus und erinnert an schlechte Schlagersänger, die bei ihren Auftritten jeden Begriff mit Gesten begleiten.

Jede der genannten Gesten ist möglich, aber sie gehört zum ganzen Satz. Ich kann diesen Satz mit Gesten begleiten, indem ich auf den Tisch zeige *(Ja, genau da war es!)* oder auf mich *(Ich war damals der einzige, der Spaß daran hatte)*, oder ich kann zeigen, wie groß ich damals war *(Mein Gott, ist das lange her!)*, oder das Wichtige sind die Burger *(Mein Gott, waren die groß!)*. Eine Geste gehört immer zu einem Gedanken und nie zu einem Wort. Es sei denn, das Wort ist ein eigener Gedanke. *Halt! Herkommen! Aber dalli!* können Sie so inszenieren, dass es drei Gedanken sind, und dazu passen wahrscheinlich auch drei verschiedene Gesten.

Theaterregie

Wichtige Gesten

> »Worte und Bewegung sollten in Ihrem Kopf wie
> Lied und Tanz miteinander verschmelzen.«
> Michael Caine [75]

Gesten können genauso wie Requisiten für Schauspieler sehr hilfreich sein. Wenn ich in der Mitte eines Monologs eine Geste oder eine Änderung der inneren Haltung einbaue, werden aus dem langen Monolog zwei kleinere Monologe: der Monolog vor der Geste und der Monolog danach. Entsprechend können Sie auch drei oder vier Monologe aus einem schaffen.

Damit sich die Schauspieler viel Text besser merken können, verbindet man Worte mit Bewegungen und innerer Haltung, die sie in der Aufführung leiten sollen.

Wenn eine Geste besonders wichtig ist und betont werden soll, stellt man den Text voran, z.B.: *Ich bringe dich um!*, anschließend eine Handbewegung quer zum Hals. Umgekehrt wird der Text betont, wenn Sie die Geste voranstellen, z. B. Geste des Halsdurchschneidens, Gang zum Gegenspieler, den Text Nase an Nase: *Ich bringe dich einfach um!*

Klischees

> »Wer ein Mime werden will, muss alle Klischees schleunigst
> vergessen, denn sie sind banal, stereotyp, längst bekannt und
> drücken weder Intelligenz, Talent noch Phantasie aus.«
> Dario Fo [76]

Es gibt Gesten, die bereits im Schauspielunterricht untersagt werden, weil sie so oft gebraucht wurden, dass sie zum Klischee geworden sind. Auch ein guter Regisseur achtet darauf, dass solche

Klischees vermieden werden bzw. nur dann vorkommen, wenn damit gespielt werden soll. Wenn ein Schauspieler im Stück schlechte Schauspielerattitüden spielen soll, nutzt er ganz bewusst solche Klischees wie Kratzen an der Stirn für nachdenken, die Augen verdrehen für genervt sein, mit den Wimpern klappern fürs Flirten, auf die Uhr sehen für in Eile sein usw.

Verständlichkeit

Bei Theatern mit schlechter Akustik oder Schauspielern mit ungenügender stimmlicher Ausbildung kann es nötig sein, Szenen nach vorne zu holen, damit sie besser verstanden werden. Das schönste Bild im hinteren Teil der Kulissen nutzt gar nichts, wenn der Zuschauer nicht mitbekommt, worum es geht.

Wenn Sie Zweifel haben, setzen Sie sich möglichst bald in den hinteren Teil des Zuschauerraums und hören Sie von dort aus zu.

Miteinander spielen

> *»Erich Engel pflegte zu sagen, dass jedermann ein Stück mit bis zu vier Personen inszenieren könne und dass sich erst mit der Bühnenpräsenz von fünf Personen oder mehr die Kunst der Regie offenbare.«*
> *Regine Lutz* [77]

Theater ist ein Gruppenprozess. Ein einzelner guter Darsteller ist nicht genug, auf das gute Zusammenwirken kommt es an. Eine Gruppe ist so stark wie ihr schwächstes Glied. Wenn der schlechte Diener-Darsteller den Zuschauer immer wieder aus der Konzentration reißt, schadet das dem ganzen Stück.

Zuhören

> »Wenn es ein Talent zur Schauspielerei gibt,
> ist es das Talent zum Zuhören.«
> Morgan Freeman [78]

Zuhören fällt Schauspielern sehr schwer. Sie sollen nichts tun, außer sich auf den anderen zu konzentrieren. Und dessen Sätze erscheinen ihnen endlos. Erklären Sie Ihren Schauspielern immer wieder, dass Zuhören etwas Aktives ist. Jeder Gedanke des Partners ruft einen neuen Gedanken beim zuhörenden Schauspieler hervor. Ein innerer Monolog entsteht. Bei den Proben kann der Zuhörende seine Gedanken auch einmal laut mitzusprechen versuchen, damit er sie wie Text lernen und gestalten kann.

Der große Schauspieler Martin Benrath soll sogar den Text der anderen mitgelernt haben, um zu erforschen, was die andere Figur denkt.

Stellungswechsel

> »Auf dem Theater muss man nun nicht mehr, sondern eher weniger
> Stellungswechsel haben als im Leben. Es muss mehr Plan und
> Logik in allem sein, denn die theatralische Darstellung muss die
> Vorgänge vom Zufälligen, Nichtssagenden reinigen.«
> Bertolt Brecht [79]

Jeder Gang auf der Bühne sollte begründet sein. Theater ist verdichtete Zeit, und der Zuschauer geht davon aus, dass alles, was ein Schauspieler auf der Bühne macht, nicht ohne Grund geschieht. Geben Sie ihm keine Rätsel auf. Sorgen Sie dafür, dass jeder Stellungswechsel einen Sinn hat.

Und wenn der Sinn für Sie darin begründet liegt, dass der Schauspieler seinen Platz für einen neu auftretenden Schauspieler frei macht, dann inszenieren Sie den Stellungswechsel so, dass der Zuschauer den Grund dafür akzeptiert. Sonst lassen Sie lieber beide aufeinanderprallen.

Am besten überlassen Sie diese Arbeit Ihrem Schauspieler. Sagen Sie ihm, wo Sie ihn haben wollen, und er hat den Stellungswechsel für seine Figur zu begründen, damit es ganz natürlich wirkt. Den Impuls zu finden, ist seine Sache, er kann dabei allerdings oft Hilfe brauchen.

Irritiert sind die Zuschauer ja immer nur dann, wenn etwas nicht stimmig ist, wenn sie nicht wissen, warum etwas passiert.

Ausweichen und Gesehenwerden

Auf kleinen Bühnen und in Stücken mit vielen Personen weicht immer die aus, die hinten steht. Schauspieler, die vorne stehen, können sich in der Szene nicht umdrehen und hinter sich sehen. Der Schauspieler auf dem hinteren Teil der Bühne muss dafür sorgen, dass er hinter den vorne stehenden Protagonisten zu sehen ist.

Gänge

Grundsätzlich drücken Gänge etwas aus, z. B. das momentane emotionale Empfinden einer Figur oder ihr Verhältnis zu anderen Figuren. So spielt auch die Bewegungsrichtung eine Rolle. Der Gang einer Figur an die Bühnenrampe hat auf den Zuschauer eine andere Wirkung als die Überquerung der Bühne oder der Gang in den Hintergrund.

Bewegt sich ein Schauspieler parallel zum Bühnenrand, hat das etwas Statisches, als ob er auf der Stelle tritt, nicht weiterkommt.

Gänge quer über die Bühne wirken dynamischer und zielgerichteter. Der Held oder der Retter sollte die Bühne bei seinem Auftritt diagonal queren, damit verlängert er nicht nur seinen Gang, sondern macht sich auch wichtiger und erhält größte Aufmerksamkeit.

Bewegt sich eine Figur von vorne nach hinten, wendet sich die Figur vom Geschehen ab.

Eine Bewegung von links nach rechts empfinden wir als flüssig, weil wir in die gleiche Richtung lesen und schreiben. Eine Bewegung von rechts nach links wirkt verzögernd. Im antiken Theater versinnbildlichte der Auftritt von rechts Ferne, von links Heimat.

Logik der Bewegungsrichtung

Eine Guckkastenbühne zeigt immer nur einen festen Ausschnitt. Sind die Schauspieler im Stück in Bewegung, so ist es sinnvoll, für den Zuschauer die Bewegungsrichtung beizubehalten. Wenn der Gauner von links kommt, um rechts zu verschwinden, muss der verfolgende Polizist auch von links kommen.

Ist der Gauner in den nächsten Szenen immer noch auf der Flucht, kommt er wieder von links. Entschließt er sich, zurückzukehren, geht er genau anders herum.

Verlässt jemand »das Haus« nach rechts, und die nächste Szene spielt auf der Straße vor dem Haus, so kommt er von links ins Bild.

Stellungsspiel

Sehr unbeliebt sind Schauspieler, die darauf achten, in einem Dialog parallel zur Rampe sich ein winziges Stück weiter hinten zu positionieren, um etwas mehr in Richtung Publikum spielen zu dürfen. Merkt das der andere Schauspieler, geht auch er ein winziges bisschen zurück. Ich habe Aufführungen gesehen, bei denen lange Dialoge, die an der Rampe geplant waren, direkt vor der hinteren Kulissenwand stattfanden. Ein guter Regisseur spricht hier ein Machtwort oder sorgt dafür, dass jeder mal in Richtung Publikum spielt.

Rhythmus

Wenn ich die Gänge und Gesten der Schauspieler synchronisiere oder rhythmisiere, kann ich damit sehr komische und spannende Effekte erzielen. Öffnet sich genau in dem Moment die Tür, durch die der Mörder auftritt, wenn sich die andere Tür schließt, durch die das Opfer verschwindet, so ist das ungeheuer effektvoll. Genauso eine Ratsversammlung, bei der alle gleichzeitig den Bierkrug heben, trinken und ihn absetzen.

Beide drehen sich gleichzeitig um, zwei treten gleichzeitig auf, oder zwei wollen gleichzeitig durch dieselbe Tür. Es gibt unzählige Möglichkeiten, mittels Rhythmus spannende oder komische Effekte zu erzielen.

Physische Hindernisse

Schlechte Schauspieler wollen, dass klemmende Türen, unpraktische Verschlüsse oder unförmige Requisiten repariert, beseitigt oder umgebaut werden.

Viel besser aber ist es, das Hindernis zu benutzen, es in das Spiel zu integrieren und so die Szene spannender zu machen. Eine klemmende Tür während der Flucht, ein defekter Verschluss der Schatulle, als er ihr stolz das Diadem präsentiert, oder ein großer Hut bei der Umarmung sind alles Möglichkeiten, eine Szene interessanter zu machen.

Stolperer

Stolperer werden am besten im Zeitlupentempo entwickelt. Schwierige Bewegungsabläufe kann man in ganz kleine Bewegungen zerlegen, die dann später wie bei einem Puzzle zusammengesetzt werden. Zusammenstöße, Hängenbleiben, Stolpern oder Hinfallen werden in Zeitlupe schrittweise geprobt. Schneller wird das ganz von allein.

Auch Kartenspielen auf der Bühne oder Etwas-suchen oder Etwas-demolieren sind Bewegungsabläufe, die ganz langsam entwickelt werden sollten.

Choreographie

Ein Choreograph ist eine sehr große Hilfe für Tanz- oder Showeinlagen. Ich rate unbedingt dazu, mit einem Profi zu arbeiten. Solch eine Einlage sieht einfach aus, erfordert aber sehr viel Probenzeit und wird ohne kompetente Hilfe nie etwas.

Eine gute Tanzeinlage kann ein Highlight Ihrer Aufführung sein. Das Gleiche gilt für Fechtszenen, Kampfszenen, artistische Einlagen etc. Auch dafür gibt es Profis, die das beeindruckend hinbekommen.

Reagieren

Ein- und Ausatmen

> *»Ich nenne so etwas die Schnauf-Schauspielerei Hollywoods.*
> *Der Schauspieler bekommt sein Stichwort, scharrt mit den Füßen*
> *und stößt wie ein Wal schnaufend die Luft aus, lässt dabei*
> *manchmal ein ›Humm‹ hören und spricht dann erst seinen Text.«*
> David Mamet [80]

Spannungsreaktionen sind an den Atem gebunden. Ich nehme dem gerade gehörten Text meines Partners die Wichtigkeit, wenn ich ausatme. Ein Ausatmen löst den Druck. Ein Seufzer in einem Wutanfall, und die Spannung ist sofort weg.

Ausatmen wird verdeutlicht durch zusammenfallen, hinsetzen, abwenden etc.

Ein neues Thema, ein neuer Gedanke beginnt immer mit einem Einatmen. Wenn jemand eine Idee hat, dann sehen wir das daran, dass er einatmet, auch wenn er noch gar nichts sagt. Wenn ein Darsteller also in einem Monolog viele Ideen hat, werden wir ihn oft einatmen sehen.

Aber nicht übertreiben. In der Regel atmet der Schauspieler ein, wenn der andere noch spricht.

Da Atmen auf der Bühne schlecht sichtbar sein kann, kann ich es mit einer Bewegung verstärken, z. B. aufrichten, aufstehen, Kopf drehen, etwas hinstellen etc. Und natürlich kann ich auch laut hörbar atmen, damit es bemerkt wird. Aber das ist wohl die schlechteste Möglichkeit.

Auf der anderen Seite baue ich auch Spannung auf, indem der Schauspieler nicht ausatmet. Das bekommt etwas Drängendes, Nervöses, Emotionales.

Schrittweise reagieren

Erst die Bewegung, dann der Text.

Jede Reaktion auf der Bühne läuft in vier Schritten ab: 1. Schritt: Der Schauspieler sieht etwas; vielleicht hat er vorher ein Geräusch gehört. 2. Schritt: Der Schauspieler erkennt etwas und zeigt dies mithilfe des Atems. 3. Schritt: Der Schauspieler bewegt sich als Folge des Erkennens – er nähert sich, er wendet sich ab, er rauft sich die Haare usw. 4. Schritt: Der Schauspieler sagt etwas. Die Bewegung geht dem Text immer voran.

In schlechten Fernsehserien sagen Schauspieler *Ich hab's* und schlagen sich danach an die Stirn oder stoßen mit dem Finger in die Luft, nachdem sie *Das eine sage ich dir* schon gesagt haben. Das wirkt komisch.

Die Bewegung geht dem Satz immer voran. Außer bei der Lüge. Lügt ein Protagonist auf der Bühne, kann er das natürlich bewusst falsch machen.

Vorschnelles Reagieren

Ein häufiger Fehler von schlecht ausgebildeten Schauspielern ist das vorschnelle Reagieren. In dem Moment, wo er vom Tod seiner Mutter erfährt, fängt er herzzerreißend zu heulen an.

So schnell kann das nicht gehen, denken Sie an die schrittweise Reaktion.

Der Schauspieler nimmt zuerst die Nachricht vom Tod der Mutter auf, reagiert mit Unverständnis, Schreck oder Ablehnung. Dann folgt das Verstehen, und er reagiert mit Verzweiflung, Wut oder Apathie. Beim Lottogewinn gilt das Gleiche. Erst ein Gefühl beim Aufnehmen der Nachricht, dann ein Gefühl bei der Verarbeitung der Nachricht.

Gute Schauspieler lassen sich für diese Schritte auf dem langen Weg zum Reagieren eine Menge Zeit und spielen dabei eine Vielzahl von Gefühlen, bevor die endgültige Haltung entsteht. Nach der Todesnachricht könnte die Abfolge der Gedanken beispielsweise so aussehen: *Ich glaube es nicht – es könnte wahr sein – nein, ist es nicht – es darf nicht wahr sein – bitte sagen Sie, dass Sie lügen – Er sagt die Wahrheit – er verzieht keine Miene, es steht fest – mein Gott – das bedeutet, dass sie tot ist – Ich fasse es nicht – O nein – und wer kümmert sich jetzt um die Kinder? – Ich muss es ihnen sagen – wer soll es sonst tun – ich muss mich zusammenreißen ...* Und nach all diesen vielen Gedanken kommt vielleicht jetzt erst der erste Satz nach der Todesnachricht. Wenn der

Schauspieler den Weg einmal kennt und ihn immer schneller geht, können wir die einzelnen Schritte dennoch miterleben.

Übergänge

> *»Statt eines nach dem andern, eines aus dem andern spielen.«*
> Bertolt Brecht [81]

Trauer spielen ist einfach, Freude auch, aber wie ich von einem zum anderen komme, das ist die große Kunst. Um den Weg vom einen zum anderen zu finden, braucht der Schauspieler manchmal viel Probenzeit.

In den ersten Proben lasse ich dem Schauspieler für diesen Wechsel, für das Finden des neuen Tons, für den neuen Gedanken so viel Zeit, wie er will. Eine Szene zu beschleunigen ist einfach. Wenn der Schauspieler den Übergang zwischen zwei Gefühlen Schritt für Schritt gefunden hat, kann er mühelos das Tempo anziehen. Aber ein Schauspieler, der mit seinen Gedanken nicht hinter seinen Sätzen herkommt, weil er versucht, schnell aus der einen Stimmung in die andere zu kommen, kann nur daherplappern.

Liebe und Kampf

Schlechte oder unerfahrene Regisseure lassen Liebespaare »ineinander kriechen«. Da fummeln zwei aneinander herum und stecken die Köpfe zusammen, weil sie sich doch so lieben. Das Publikum im Saal sieht nur ein Menschenknäuel.

Liebespaare muss ich immer wieder auseinanderholen, damit auch der Zuschauer etwas von ihrer Begeisterung füreinander hat.

Dasselbe gilt für Kampfszenen. Nach einem gut gesetzten Schlag oder einem Würgegriff müssen beide wieder auseinander, sonst habe ich nur einen Berg aus Armen und Beinen, und ich kann nicht verfolgen, was gerade passiert. Der Zuschauer schaltet für die Dauer des Kampfes ab.

Küsse

Wenn sich die Schauspieler, die sich küssen müssen, mögen, ist alles kein Problem. Sonst kann so eine Szene die Probenarbeit sehr lange aufhalten. Anfänger scheuen die körperliche Berührung, und es sieht schon sehr komisch aus, wenn sie bei der Umarmung den Hintern vom anderen wegstrecken.

Der Austausch von Küssen oder Zärtlichkeiten sollte vom Regisseur vorher gut geplant werden. Haltungen und Stellungen werden genau erklärt und der Kuss womöglich nur angedeutet. Sobald die Schauspieler wissen, was sie machen müssen, kommt der Kuss von allein.

Nacktheit

> »Ich kann auf der Bühne so tun, als wäre ich tot, ich kann so tun, als wäre ich verliebt, ich kann aber nicht so tun, als wäre ich nackt.«
> Susanne Lothar [82]

Auch Nacktszenen sind für die Darsteller heikel und müssen besonders gut vorbereitet werden, um den nackten Schauspieler nicht auf der Bühne herumstehen zu lassen und ihn langen Diskussionen und immer wieder neuen Ideen und Überlegungen auszusetzen.

Die Szene wird angezogen so lange geprobt, bis jeder genau weiß, was er zu tun hat. Erst bei den Durchläufen probt man ohne Kleidung.

Dasselbe gilt, wenn zwei Schauspieler nackt auftreten und sich berühren müssen. Legen Sie jeden Griff fest, solange die beiden noch angezogen sind. Also nicht: *Nach dem Satz schmust ihr ein bisschen,* sondern *Nach dem Satz gibst du ihr einen Kuss auf die rechte Seite des Halses, und du fährst ihm dann von hinten durch die Haare.* Die Schauspieler müssen sich sicher fühlen, bevor die Hüllen fallen.

Rauferei und Schlägerei

Kampfszenen, die echt wirken sollen, in denen sich aber niemand weh tun oder verletzen darf, sind schwer zu inszenieren. In vielen Inszenierungen wird ein Fachmann hinzugezogen, vor allem wenn Waffen wie Degen oder Schwerter im Spiel sind. Der Fachmann kennt eine Menge Tricks, um es furchtbar echt aussehen zu lassen.

Wenn der eine dem anderen das Knie zwischen die Beine zieht und gleichzeitig mit der flachen Hand auf den Rücken des anderen haut, wodurch ein dumpfes Geräusch entsteht, tut sich keiner weh, und es sieht martialisch aus. Oder ich schlage den Kopf des anderen ganz leicht an die Wand, während der Geschlagene mit dem Fuß gegen die Wand hinter ihm tritt. Ein toller Effekt. Oder wenn er sie an den Haaren zieht und sie dabei sein Handgelenk fasst, kann ihr nichts passieren.

Grundsätzlich ist es wichtig, dass immer der Unterlegene den Schmerz spielt. Der Überlegene wendet keinerlei Druck an. Er legt zum Beispiel seine Hand locker um das Handgelenk des Gegners, der geht vor Schmerzen in die Knie. Eine gekonnte Prügelei findet fast ohne jede körperliche Anspannung statt.

Auch hier gilt: Eine echte Balgerei ist nicht nur kein besonders gutes Theater, sondern überhaupt kein Theater.

Professioneller Rat

Kommen im Stück Figuren mit speziellen Fähigkeiten vor, ist es ratsam, professionellen Rat zu holen. Ist jemand im Stück blind, hilft der Besuch einer Blindenschule sehr; kommt ein Kellner im Stück vor, sollte der Schauspieler lernen, eine große Anzahl Teller wie ein Profi auf- und abzutragen; auch wie man am Spinnrad sitzt oder ein Instrument hält, sollte man sich von Fachleuten zeigen lassen.

Hierbei geht es nicht immer darum, handwerklich korrekte Fähigkeiten auf der Bühne zu zeigen, sondern um eine Selbstverständlichkeit im Umgang mit dem Beruf. Oft ergeben sich daraus Details, die die Szene oder die Beziehung der Figuren bereichern.

Dialogregie

Stimme

Bei Stimmproblemen sollten Schauspieler ihre überstrapazierte Stimme unbedingt schonen. Nichts bringt eine angegriffene Stimme schneller wieder zurück als Schweigen. Sprechen, womöglich noch Flüstern, führt nur dazu, dass der Darsteller länger ausfällt als geplant.

Es gibt Schauspieler, die mit großer Disziplin das Sprechverbot befolgen, und andere, die mit ihrer schwachen Stimme noch stundenlang über den Sinn dieser Maßnahme diskutieren.

Anstrengende Stimmen

Im Alltag kennt jeder jemanden, dessen Stimme ihm auf die Nerven geht, weil sie übertrieben säuselt oder zu schrill, zu hoch, zu scharf oder zu zackig ist. Diese unterschiedliche Klangfarbe lässt sich natürlich auch für die Gestaltung einer Figur einsetzen. Ein

Offizier spricht anders als eine Diplom-Psychologin, ein Bauer anders als ein schüchterner Mathematikstudent.

Aber seien Sie auch hier nicht zu realistisch. Eine Stimme, die uns auf die Nerven geht, mag man im Alltag hinnehmen (müssen), auf der Bühne stört sie den Zuschauer sehr. Es ist ein großer Unterschied, ob mich das Verhalten einer Figur im Stück verärgert (das kann ein positiver Effekt sein) oder ihre Stimme (was dazu führt, dass ich nach Hause will).

Schreien

Wenn Sie Schreie proben, steigern Sie langsam Lautstärke und Intensität. Der Schauspieler soll nie am oberen Ende seiner Möglichkeiten ankommen, sich nicht die Stimmbänder verletzen und immer zu verstehen sein, auch wenn er in der Rolle mit letzter Kraft schreit.

Die Stimmfarbe

Sollte es das Stück erfordern, dass ein Schauspieler seine Stimme verändert, um sie zum Beispiel älter klingen zu lassen oder sie einem Tier zu leihen, dann achten Sie darauf, dass er seine Stimme nicht strapaziert. Wenn sich der Schauspieler beim Sprechen weh tut, dann tun wir uns auch beim Hören weh. Ein gutes Beispiel dafür ist die Synchronisation von manchen amerikanischen Komikern oder von Zeichentrickfiguren. Der Sprecher tut seiner Stimme dermaßen Gewalt an, dass es einem auf die Nerven geht – wir schalten ab, um sie nicht mehr zu hören.

Eine veränderte Stimme sollte als Stilmittel nur sparsam eingesetzt werden, denn es gibt sehr viel spannendere Möglichkeiten, eine Person zu charakterisieren. Außerdem verringert sich die Bandbreite unserer Stimme rapide, wenn wir höher oder tiefer sprechen als normalerweise. Versuchen Sie mal, Rotkäppchen mit hoher Stimme zu sprechen. Da kann nur ein eintöniger Singsang herauskommen.

Rotkäppchen kann vorsichtig oder frech sein, oder es bestaunt die Welt. Das geht auch ohne hohe Stimme. Und der Wolf ist vielleicht ein Angeber, man muss deswegen nicht mit tiefer Stimme sprechen.

Sprache

Es kommt nicht nur darauf an, was gesagt wird, sondern auch, wie es gesagt wird. Achten Sie auf die Sprechweise Ihrer Protagonisten. Neben der Körpersprache gibt es kein besseres Mittel, eine Figur mit Leben zu erfüllen und sie zu charakterisieren, als durch ihre Sprechweise. Ob sie sehr deutlich und genau, leicht vernuschelt und gelangweilt, abgehackt oder dozierend, laut oder verträumt, stotternd oder sarkastisch spricht, die Art zu sprechen verrät immens viel über ihren Charakter. Nur »undeutlich« oder »zu leise« sind keine Gestaltungsmerkmale, die sich für die Bühne eignen.

Mundgerecht

Übersetzungen kann man sich mundgerecht machen, indem man Satzteile umstellt oder Füllwörter streicht. Bei Klassikern sollten solche Eingriffe die Ausnahme sein, da jeder klassische Text einen Rhythmus hat und jede Veränderung sofort auffällt.

Streichen ja, aber lieber nicht Schiller verbessern.

Hochdeutsch

Wenn unklar ist, wie etwas in der Standardaussprache (Hochdeutsch) gesprochen wird, gibt es die Möglichkeit, sich am Siebs[83] oder am Aussprachewörterbuch[84] zu orientieren.

Es gibt allerdings Regisseure, die es maniriert finden, wenn es Kräne heißt und das ä lang ausgesprochen wird wie bei Schwäne. Ob Ihre Schauspieler also Mädchen oder Medchen sagen, müssen Sie eventuell festlegen. Ich halte es persönlich für unabdingbar, die Standardaussprache auf der Bühne einzuhalten.

Mundart

> »Brecht verlangte vom Schauspieler, den Text in seinen heimatlichen Dialekt zu übersetzen, ihn ungeniert von der Leber weg in seiner eigenen Mundart zu sprechen.«
> Regine Lutz [85]

> »Der Dialekt ist ein wichtiges Mittel, Mut zum Spielen zu gewinnen – und ein Schritt auf dem Weg zur Wahrhaftigkeit, (…) denn im eigenen Dialekt fühlt man sich sicherer. (…) Dialekt ist wie eine Maske, die nützlich ist, wenn der Schauspieler nicht weiterkommt.«
> Peter Zadek [86]

Ein König Lear auf fränkisch und eine Desdemona, die isch oder icke sagt, reißt mich persönlich sofort aus der Bühnenhandlung.

Ich habe aber selbst erlebt, wie Regine Lutz bei der Rollenarbeit einer Schweizer Schauspielerin angeboten hat, die Szene im Dialekt zu spielen. Es geschah ein kleines Wunder. Auf einmal waren Ausdruck und Tiefe da, woran wir zuvor vergeblich gearbeitet hatten.

Es kann also sinnvoll sein, den Schauspieler ein oder zwei Tage in seinem Heimatdialekt proben zu lassen, um zu seiner Rolle und zu ihrer inneren Haltung zu finden.

Betonung

> »Die Flucht in die Betonung ist das
> Schwänzen vor dem Ausdruck.«
> Fritz Kortner [87]

In Bezug auf die Betonung gibt es viele Irrtümer. Die Betonung dient nicht dazu, die Bedeutung eines Satzes zu verändern, wie man das so oft hören kann, sondern es ändert sich lediglich der Zusammenhang. Kortner hat das so formuliert: »Man stellt nicht dar, wenn man einen Satz mit der logischen Betonung eines Wortes abspeist. Ein Satz hat zwar ein Eigenleben, jedoch noch andere Funktionen. Er greift zurück auf schon Gesagtes oder gar auf Ungesagtes. Der Satz muss auf seine Herkunft und ins Ungewisse weisen.«[88]

Betonungen stellen also Zusammenhänge her. Nach der Betonung *GESTERN war ich...* erwarten Sie, dass von *HEUTE* die Rede ist. Bei der Betonung *Gestern war ICH...* erwarten Sie, dass es jetzt um eine andere Person geht.

Der Satz *Barbara hat mir gestern alles gesagt* muss je nach Vorgeschichte eine ganz andere Betonung bekommen. Die Betonung ergibt sich aus dem Zusammenhang:

BARBARA hat mir gestern alles gesagt.
(Es war nicht Markus, nein.)

Barbara hat mir gestern alles GESAGT.
(Sie hat mich nicht raten lassen.)

Barbara hat mir gestern ALLES gesagt.
(Sie hat nichts ausgelassen.)

Barbara hat mir GESTERN alles gesagt.
(Du weißt es vielleicht erst seit heute.)

Anhand der betonten Wörter sollte sich der Zuschauer zurechtfinden können. Meist werden Substantive und Verben betont. WER will etwas und WAS will er?

In einem berühmten Schauspielerkalauer betont das Gretchen in Goethes *Faust:* »Ich gäb' was drum / wenn ich nur wüsst', / wer HEUT der Herr / gewesen ist.« Wenn ich statt *Herr* das Wort *heut* betone, mache ich Gretchen zu einer Dame des horizontalen Gewerbes.

Das letzte Wort

Anfänger neigen dazu, das letzte Wort eines Satzes zu betonen. Das kann sinnvoll sein bei *Ich gebe dir wirklich RECHT* und *Lege die Pistole bitte sofort WEG*. Aber bei *Das hast du jetzt aber schön GEMACHT* oder *Ich brauche die Brille nicht MEHR* sind sie sinnentstellend.

Zu viele Wörter betonen

Ein weiterer Fehler ist es, zu viele Worte zu betonen. Die Schauspieler (oder der Regisseur) entscheiden einfach, dass alles wichtig ist, und für den Zuschauer wird alles betont. Das hört sich an wie ein schlecht gelaunter Lehrer, dessen Schüler es auch beim dritten Mal nicht verstanden haben.

Einen Text sprechen heißt auswählen, was für den Zuschauer wichtig ist, heißt Beziehungen herstellen, heißt Haltungen vermitteln. Der Schauspieler sollte jedes Wort, das er betonen will, einer genauen Prüfung unterziehen. Warum ist es wichtig, dieses Wort hervorzuheben? Wenn es nur auf den genauen Wortlaut ankäme, sollte der Zuschauer das Stück besser lesen.

Eine Ausnahme sind stark emotional geprägte Sätze. Erfüllt mit Wut, Trauer, Verzweiflung, Hass oder Zorn, betone ich mehr Silben als bei einem nichtssagenden Small Talk, z. B. ICH KANN NICHT MEHR!

Pausen

An der richtigen Stelle sind Pausen etwas Wundervolles. Vieles lässt sich viel besser mit einer Pause ausdrücken. Überraschung zum Beispiel *(Es verschlägt mir die Sprache.)*; oder ich mache eine Pause, weil ich etwas entdeckt habe, das meine ganze Aufmerksamkeit beansprucht.

Pausen, die aber lediglich der Eitelkeit wegen gemacht werden, zum Beispiel vor einem besonders gelungenen Wortspiel oder nach dem Auftritt des eitlen Schauspielers, sind Unarten, auf die man während der Proben genau achten sollte.

Gedanken trennen

Eine Pause wird da gemacht, wo ein Punkt steht. So weit ist das einfach und richtig. In den folgenden Sätzen machen die Satzzeichen den Sachverhalt klar.

Von wegen. Die ist seit 8 Uhr in der Schule.
Von wegen, die ist seit 8 Uhr in der Schule.

Sie ist in der Schule, sagen die beiden Sätze in der ersten Zeile. Ist sie ganz bestimmt nicht, sagt der Satz in der zweiten Zeile. In der ersten Zeile gibt es zwei Gedanken, die durch einen Punkt getrennt sind; eine Pause beim Sprechen trennt beide Gedanken. In der zweiten Zeile gibt es nur einen Gedanken, was bedeutet, dass ich diese Zeile durchspreche. Das Komma beachte ich nicht, weil sonst der Gedanke unverständlich bliebe.

Lange Sätze

Aber was ist, wenn der Satz zu lang ist, um ihn durchzusprechen? Was mache ich bei einem Komma? Es gibt Kommas, an denen man kurze oder lange Pausen macht, und es gibt Kommas, die man wie Punkte behandeln sollte (z. B. zwischen zwei Gedanken). Aber die meisten Kommas werden nicht gesprochen, weil sie keine Gedanken trennen. *Ich möchte, dass du mich ansiehst* wird genauso durchgesprochen wie *Alles, was ich gestern gesagt habe, war nicht ernst gemeint.*

Ist der Satz zu lang, kann ich natürlich auch das Satzende mit ansteigender Stimme sprechen, um zu zeigen, dass da noch etwas kommt, und dann weitersprechen. Aber im Alltag kommt das eher selten vor. Wir sprechen meist einen Gedanken nach dem anderen, auch wenn dieser ein wenig länger sein sollte.

Die »schauspielerische« Pause

Der Schauspieler kann natürlich auch jederzeit eine Pause an einer x-beliebigen Stelle im Satz machen, wenn er sie schauspielerisch gestaltet. Er hält zum Beispiel mitten im Satz inne, weil ihm etwas einfällt oder jemand reinkommt. *Das ist doch –* (ihm fällt die Lösung des Problems ganz plötzlich ein) *– nicht zu fassen.*

Ein Wort wird außerdem wichtiger, wenn ich eine Pause mache, bevor ich es sage: *Wir haben bis jetzt – noch nie – so hoch verloren!*

Pausen sind Gestaltungsmittel, die ich bewusst einsetzen kann. *Er zuckte zusammen, verzog das Gesicht, rutschte vom Stuhl und schlug auf dem Boden auf* kann ich ohne Pause durchsprechen und die Handlung ist schnell abgelaufen, so als ob alles gleichzeitig passierte. Wenn es langsam, eins nach dem anderen passiert, stelle ich den Sachverhalt sprachlich so dar: *Er zuckte zusammen. Verzog das Gesicht. Rutschte vom Stuhl. Und schlug auf dem Boden auf.*

Andere Satzzeichen

Auch andere Satzzeichen werden nur selten gesprochen. Der Satz *Ich habe das Buch »Unter Beschuss« gelesen* verlangt nach einer Pause, besonders wenn es ein Soldat sagt und es zu Verwechslungen kommen kann. Aber *Ich habe »Star Wars« gesehen* oder *Ich war in der Kategorie »Jugendliche unter 18 Jahre« der Beste* bekommt keine Pause.

Bei *Ich sage dir: Ich mag dich nicht* können Sie entscheiden, ob Sie den Doppelpunkt inszenieren und den Satz damit bedeutungsvoller machen wollen oder nicht.

Melodie und Subtext

»Spielen Sie gegen den Dialog!«
Tony Barr [89]

»Jede Kommunikation hat einen Inhalts- und einen Beziehungsaspekt, wobei Letzterer den Ersteren bestimmt.«
Paul Watzlawick

Wenn wir kommunizieren, hat jeder unserer Sätze nach Paul Watzlawick[90] einen Inhalts- und einen Beziehungsaspekt. Jede Kommunikation enthält über die reine Sachinformation (Inhaltsaspekt) hinaus einen Hinweis, wie der Sender seine Botschaft verstanden haben will und wie er seine Beziehung zum Empfänger sieht (Beziehungsaspekt).

Wir sagen etwas und wir meinen etwas. Das Problem ist, dass wir oft etwas anderes sagen als wir meinen.

Wir können *Toll, wie du das gemacht hast* anerkennend oder genervt sagen. Auch bewundernd, neidisch, ärgerlich, liebevoll usw.

Die Melodie finden

Dieser Unterton, die »Melodie«, gelingt dem Schauspieler sehr leicht, wenn er zunächst einmal den Subtext spricht, z. B. *Wie ärgerlich!* Jetzt merkt er sich die Melodie dieses Satzes und spricht mit derselben Melodie den Stücktext, z. B. *Toll, wie du das gemacht hast.* Jetzt hört der Zuschauer *Toll, wie du das gemacht hast* und versteht zusätzlich *Wie ärgerlich.*

So kann er den Text mit Leben und Ausdruck füllen und dem Zuschauer beide Dimensionen vermitteln.

Bei den Proben kann der Subtext hilfreich sein. Regieanweisungen an den Schauspieler wie »Bevor du den Text sprichst, denk dir *Toll!* oder *So ein Unsinn!* oder *Ich begreife es nicht!*« verändern den gesprochenen Satz in jeder Hinsicht. Wörter und Sätze gewinnen an Bedeutung und Ausdruckskraft. Eine zweite Ebene entsteht. Der Informationsgehalt jedes Satzes verdoppelt sich.*

Die zweite Ausdrucksdimension

Diese zweite Ebene kann zusätzlich zum sprachlichen auch einen körperlichen Ausdruck finden. Wenn die Braut glücklich in den Armen ihres Bräutigams liegt, zeigt uns vielleicht ein Blick, wie schwermütig ihr zumute ist.

Oder die Tätigkeit des Darstellers illustriert oder widerspricht dem, was er sagt. Den Satz *Ich hasse dich* kann ich mit einer abwehrenden Haltung illustrieren oder mit einer innigen Umarmung. Es kann sehr spannend sein, wenn der Satz *Ich hasse dich* gerade dann fällt, wenn alles nach großer Liebe aussieht. Die beiden lieben und hassen sich eben gleichzeitig.

Während eines Ehekrachs essen, ein Gewehr reinigen und gleichzeitig einem Untergebenen Anweisungen geben, erhöhen die Spannung einer Szene.

---

* Mehr Informationen dazu in meinem Buch *Sprechertraining* (Berlin 2009).

Die Melodie wechseln

Wenn ich eine Geschichte vorlese, ändert sich langsam die Stimmung mit dem Fortgang der Geschichte.

Wenn ich ein Theaterstück inszeniere, hat jeder neue Gedanke eine neue Melodie. Jeder neue Gedanke verlangt nach einem eigenen sprachlichen Ausdruck.

Authentisch wirkt ein Theatertext oder Dialog also erst dann, wenn sich die Töne verändern und so klar wird, dass jeder Gedanke in dem Augenblick entsteht, in dem er gesagt wird. Je stärker die Unterschiede, desto besser. Wir jammern oder zischen oder schreien meist keine drei Sätze hintereinander. Der erste Satz wird gezischt, der zweite gejammert und der dritte herausgeschrieen. Jetzt haben wir das Gefühl, dass der Text »echt« klingt.

Natürlich gibt es innerhalb eines Theaterstücks auch Erzählungen oder Textstellen, die sich einer Grundstimmung unterordnen, weshalb sich die Töne hier weniger oder gar nicht verändern.

Wortmelodien

Eine Melodie oder ein Unterton gehört immer zu einem kompletten Gedanken und nicht zu einem einzelnen Wort. Wenn ich in dem Satz *Das Essen hast du ganz toll gemacht* besonders *ganz toll* betone und durch die Melodie heraushebe *(gaaanz tolllll gemacht)*, wirkt das unfreiwillig komisch. Der Sprecher weiß ja nicht erst bei *ganz toll*, was er sagen will, sondern bevor er den Satz sagt, weiß er bereits, dass er das Essen toll finden wird. Den begeisterten Unterton bekommen also nicht die beiden Wörter, sondern der ganze Satz.

Eine Ausnahme ergibt sich dann, wenn der komplette Gedanke nur aus einem einzigen Wort besteht. *Super! Toll gemacht! Irre!* Diese drei Gedanken können natürlich drei verschiedene Untertöne bekommen, auch wenn der erste und der dritte Gedanke nur aus einem einzigen Wort bestehen.

Bekannte und wichtige Sätze

>»*Es versteht sich also von selbst, dass die moralischen Stellen vorzüglich wohl gelernet sein wollen. Sie müssen ohne Stocken, ohne den geringsten Anstoß in einem ununterbrochenen Flusse der Worte, mit einer Leichtigkeit gesprochen werden, dass sie keine mühsame Auskramungen des Gedächtnisses, sondern unmittelbare Eingebungen der gegenwärtigen Lage der Sachen scheinen.*«
> Gotthold Ephraim Lessing [91]

Ob *Geben Sie Gedankenfreiheit* oder *Sein oder Nichtsein*, erliegen Sie nicht der Versuchung, die bekannten Passagen zusätzlich herauszustellen. Auch wenn wir sie schon oft gehört haben und gut kennen, die Figur spricht den Satz zum ersten und einzigen Mal und weiß noch nicht, dass es sich um ein berühmtes Zitat handelt. Tatsächlich ist die Wirkung eines Satzes größer, wenn er ganz einfach ausgesprochen wird.

Große Gefühle

Stärker als unbändige Wut ist kalte Wut. Großes Jammern ist kleiner als die Trauer, die uns zusammenkrümmen lässt. Freude, bei der wir durchs Zimmer tanzen, ist schwächer, als wenn wir übers ganze Gesicht strahlen und vor Freude wie paralysiert sind. Ein leises *Es ist einfach herrlich* übertrifft das lauteste *Es ist herrlich*.

Große Gefühle drückt man nicht durch große Lautstärke, große Gesten und große Aktionen aus, sondern besser einfach und selbstverständlich.

Lügen

Eine Figur, die auf der Bühne lügt, ist eine besondere Schwierigkeit. Die Lüge muss so gespielt werden, dass sie zwar dem Zuschauer auffällt, darf aber nicht so dick aufgetragen sein, dass die

Mitspieler Verdacht schöpfen könnten. Für einen Schauspieler ist das eine wunderbare Herausforderung.

Der Zuschauer kann die Lüge am leichtesten an den zu großen Emotionen, den zu großen Bewegungen und Einzelwortbetonungen erkennen. Um nur ja nicht überführt zu werden, macht der Lügner in der Regel zu viel und fällt dadurch auf.

Betrunken spielen

Menschen, die betrunken sind, glauben meist, es nicht zu sein. Sie behaupten steif und fest, die Lage im Griff zu haben, was natürlich eine Illusion ist.

Einen Betrunkenen gut zu spielen bedeutet, sich alle Mühe zu geben, dass niemand merkt, dass man betrunken ist. Torkelnde, lallende Schauspieler, die auf der Bühne herumtapern vor lauter Betrunkenheit, sind nur peinlich.

Pointen

> »Das ist die schwankhafte Darstellung der
> Inszenierung einer Komödie. Ich habe gelacht.
> Aber, wie gesagt, unter meinem Niveau.«
> Fritz Kortner [92]

Eine gute Pointe, die die Zuschauer zum Lachen bringt, ist für den Regisseur eine der schwierigsten Aufgaben. Um zu wissen, worüber das Publikum lachen wird, bedarf es einer gewissen Erfahrung.

Die Stellen, bei denen man selber bei der Lektüre gelacht hat, sind zwar ein erster Anhaltspunkt, was die Zuschauer zum Lachen bringen könnte, aber keine Garantie, dass es tatsächlich funktioniert. Das erlebt man erst bei einem vollen Zuschauerraum. Ist die Pointe gut gesetzt, löst sie bereits während der Proben nicht nur einmal Lachen aus. Die wirklich guten Pointen nutzen sich kaum ab. Man kennt sie, man erwartet sie und lacht stets aufs Neue.

Weggeprobte Pointe

Doch auch die beste Pointe verliert irgendwann ihre Wirkung. Halten Sie sich das vor Augen, wenn Ihnen bei der Generalprobe Zweifel daran aufkommen, ob Sie ein komisches Stück inszeniert haben. Mithilfe eines Testpublikums können Sie das herausfinden.

Schlechte Pointen

> *»Lieber einen Freund verlieren als eine gute Pointe auslassen.«*
> *Spruch unter Schauspielern*

Es gibt immer wieder Schauspieler, die ohne jeden Skrupel ihre Rolle oder den Kollegen für einen Witz oder eine Slapstickeinlage verraten. Menschen in einem Salonstück balgen sich nicht am Boden, und die Komik in der Handwerker-Szene in William Shakespeares *Sommernachtstraum* liegt nicht darin, auf Teufel komm raus Unsinn auf der Bühne zu treiben, sondern von der Bühne runterzukommen – und das so schnell wie möglich.

Passen Sie auf, dass Ihre Pointen nicht Ihre Figuren beschädigen. Und erliegen Sie nicht der Versuchung, jeden Lacher mitzunehmen.

Fäkalworte geben fast sicher einen Lacher, genauso unfreiwillige Nacktheit. Ob Sie damit arbeiten wollen, hängt von Ihnen und vom Stück ab.

Theaterregie

»Trockene« Pointe
Eine »trockene« Pointe wird nicht ausgespielt, sie kommt eher beiläufig, scheinbar emotionslos daher und erntet dennoch einen Lacher. Wir lachen nun mal mehr über jemanden, dem ein Missgeschick passiert oder dem versehentlich eine Äußerung herausrutscht, als über jemanden, der absichtsvoll einen Witz macht oder bewusst komisch ist.

Pointe drauflegen
Drauflegen bedeutet, eine Pointe zu wiederholen oder auf ihr eine zweite aufzubauen – auch durch einen anderen Darsteller. In einem funktionierenden Ensemble ist sich niemand zu schade, für einen Kollegen eine Pointe vorzubereiten. In einem Ensemble aber, in dem gegenseitiges Misstrauen herrscht, möchte jeder die Pointe, die er vorbereitet hat, auch selbst zünden.

Running Gag
Ein Running Gag (engl. für Dauerwitz) ist ein Witz oder eine Anspielung, die mehrmals, oft in abgewandelter Form, im Stück wiederholt wird. Obwohl die meisten Running Gags figurengebunden sind, können auch Gegenstände oder Situationen als Running Gags wirken. Der seit Jahren am Silvesterabend gezeigte und fast gänzlich von etlichen Running Gags getragene Fernsehsketch *Dinner for one* ist ein gutes Beispiel für die vielfältigen Einsatz- und Veränderungsmöglichkeiten eines Running Gags.

Drücken
Drücken bedeutet, noch einmal extra auf die Pointe hinzuweisen. Beliebt ist eine Geste oder ein Wort, das so viel wie *Jawoll* bedeutet, oder ein Nicken nach der Pointe oder auch eine Pause davor

bzw. danach (seht her, jetzt kommt eine Pointe). Das nennt man auch eine Pointe herauskitzeln oder den Lacher holen. Der Satz *Den Lacher hole ich mir!* kann auch als Drohung verstanden werden.

Als Regisseur müssen Sie auf solche Dinge reagieren und die anderen Schauspieler schützen.

Double-Take

Der Double-Take ist ein Mittel, womit durch eine verzögerte Wahrnehmung im Theater Komik entsteht.

Ein Double-Take verläuft in acht Phasen:
1. Die Figur hat etwas vor.
2. Die Figur wird durch einen Impuls abgelenkt.
3. Die Figur untersucht den Impuls, ohne ihn zu begreifen.
4. Die Figur setzt ihre Handlung fort.
5. Die Figur stutzt, weil etwas nicht gestimmt hat.
6. Die Figur untersucht den Impuls noch einmal.
7. Die Figur versteht jetzt den Impuls.
8. Die Figur antwortet jetzt auf den Impuls mit einer starken Reaktion (Schreck, Überraschung, Scham).

Zum Beispiel öffnet der Ehemann einen Wandschrank, wünscht dem Mann darin einen guten Abend, macht den Schrank wieder zu, geht zu seinem Sessel. Jetzt, mit dem Gesicht zum Publikum, wird ihm bewusst, dass er gerade jemanden in seinem Schrank hat stehen sehen und dass dies nur der Liebhaber seiner Frau sein kann.

Damit er komisch wirkt, verlangt ein guter Double-Take den Darstellern einiges an Können ab. Beim Inszenieren hilft es auch hier wieder, den Ablauf Schritt für Schritt festzulegen und dann zusammenzufügen.

Ein Double-Take kann auch Spannung erzeugen. Zum Beispiel bemerkt der Kommissar im Krimi den entscheidenden Blutfleck auf dem Teppich erst mit Verzögerung oder entdeckt den Menschen im Gedränge erst beim zweiten Hinsehen.

Falsche Pausen

> »Das Lachen ist ein Affekt aus der plötzlichen Verwandlung einer gespannten Erwartung in nichts.«
> Immanuel Kant [93]

Eine Pause an der falschen Stelle kann die Pointe vermasseln. Statt der überraschenden und unvorhergesehenen Wendung, die Lachen hervorrufen soll, nichts als peinliches Schweigen.

Tempo

> »Nehmt das Stichwort auf und macht nicht vor jedem Anschlusstext eine Pause. Das ist eine Lieblingsbeschäftigung vieler Schauspieler ...«
> Alan Ayckbourn [94]

Komödien brauchen meist ein erhöhtes Tempo, vor allem gegen Ende. Wenn eine Szene ein schnelleres Tempo verlangt, darf es nie darum gehen, schneller zu sprechen oder zu gehen.

Mit *schneller* sind die Anschlüsse gemeint. Zu späte Auftritte oder zu lange Pausen in Dialogen können Tempoverhinderer sein, die es zu beseitigen gilt, bevor die Zuschauer sich langweilen.

Wenn das Wort, auf das der Schauspieler zu reagieren hat, das allerletzte im Part seines Partners ist und man eine Denkpause vermeiden will, sollte der Satz umgebaut werden. In *Ich wollte dir schon vor einer Stunde sagen, dass sie tot ist* steckt die Überraschung der Todesnachricht in den letzten Worten, was bei dem, der die Nachricht bekommt, eine längere Reaktionspause nach sich ziehen wird. Besser sagt man *Sie ist tot. Das wollte ich dir vor einer Stunde schon sagen.* Jetzt kann der andere besser auf die Todesnachricht reagieren und sie verarbeiten, während der zweite Satz kommt.

Besonderheiten

Aberglaube*

Beim Theater gibt es eine Menge Aberglaube, und es dauert Monate, zu lernen, warum was untersagt ist. Nur einige Beispiele: Das Verbot, auf der Bühne zu pfeifen, geht auf die Zeit der Gaslampen zurück. Diese machten ein pfeifendes Geräusch, wenn die Flamme ausgegangen war und das Gas auszuströmen begann. Es war lebenswichtig, dieses Pfeifen zu hören, weshalb jedes andere Pfeifen verboten war.

Durch den noch zugezogenen Vorhang hinauszuschauen oder einen echten Spiegel zu verwenden bringt Unglück.

Wenn sich der erste Zuschauer, der den Theatersaal betritt, in die erste Reihe setzt, ist das für die bevorstehende Vorstellung ein schlechtes Zeichen.

Aber auch essen auf der Bühne ist verboten, wenn es nicht zum Stück gehört (früher befürchtete man, während der Vorstellung mit Essen beworfen zu werden). Man geht nicht mit einem Hut oder im Mantel über die Bühne (damit später die Zuschauer oder Kritiker nicht Hut und Mantel nehmen und gehen), und wenn man einen Wunsch ausspricht, suchen alle fieberhaft ein Holzstück, auf das sie klopfen können. In England spricht man den Namen des unglücksträchtigsten Stückes *Macbeth* von William

---

* Aberglaube bei der Generalprobe siehe Seite 169.

Shakespeare am besten nicht aus. Englische Schauspieler sprechen nur von dem »schottischen Stück«.

Man mag das albern finden, aber Schauspieler meinen das so ernst, dass man gut daran tut, sich darüber nicht lustig zu machen.

In der Rolle

Die Rolle, die ein Schauspieler gerade spielt, hat unweigerlich Einfluss auf sein Privatleben. Wundern Sie sich also nicht, wenn Sie von Richard III. (William Shakespeare) angeschrieen werden oder wenn Ihnen Claire Zachanassian (Figur aus *Der Besuch der alten Dame* von Friedrich Dürrenmatt) bei der Probe auch schon mal über den Mund fährt, auch wenn die beiden sonst ganz nette Menschen sind. Die Rolle färbt während der Proben auch schon mal ab, also seien Sie gnädig mit den Schauspielern.

Umgekehrt ist es für einen Schauspieler sehr leicht, sich in seine Partnerin zu verlieben, oder umgekehrt. Jemand auf den Proben ununterbrochen anzuhimmeln führt in der Regel dazu, den anderen nicht so zu sehen wie er ist, sondern die Begeisterung der Rollenfigur auf die Partnerin oder den Partner zu übertragen. Das gilt auch für Sie als Regisseur oder Assistent. Wenn das ganze Personal des Stückes um einen anbetungswürdigen Menschen kreist, gehören Sie bald dazu. Geben Sie dem nicht nach. Nach den Proben wird Ihnen Ihre Wahl vielleicht eigenartig vorkommen.

Aus der Rolle fallen

Wenn Schauspieler an einer bestimmten Stelle anfangen zu lachen und nicht mehr aufhören können, kann es vorkommen, dass sie bei jeder Probe an dieser Stelle aus der Rolle fallen. Sollte das der Fall sein, schlage ich im Interesse der Schauspieler jedem Regisseur vor, ein Donnerwetter loszulassen.

Dann verstummt jedes Lachen, und die Szene ist gerettet. Sonst wird diese Szene jeden Abend eine enorme Kraft erfordern, nicht aus der Rolle zu fallen.

Besucher

> »Wenn ein Kritiker oder Intendant vor der Premiere etwas sehen möchte, lasse ich ihn nicht herein.«
> Peter Zadek [95]

> »Das kleinste artfremde Geräusch im Zuschauerraum wäre sofort registriert worden und hätte ohrenbetäubende Folgen hervorgerufen, denn die Schauspieler wollten um alles in der Welt nicht, dass ihre Gehversuche in der Rollenarbeit beobachtet würden.«
> Regine Lutz [96]

Die Anwesenheit »fremder« Menschen muss mit allen besprochen werden. Wenn alle einverstanden sind, dürfen Sie jemanden einladen, der sich am besten vorstellt und dann so Platz nimmt, dass jeder weiß, wo er sitzt. Merken Sie, dass auch nur einer der Schauspieler Schwierigkeiten damit hat, würde ich vom Probentourismus eher absehen. Auch hauseigene Mitarbeiter, darunter Intendant und Dramaturg, sollten sich vorher ankündigen. Der Probenprozess ist ein sensibler Akt für jeden künstlerisch Beteiligten.

HAUPTPROBEN

> »*In den letzten zwei Wochen wird nicht einmal ein Wort geändert, sonst riskiert man einen ›Hänger‹ bei der Premiere. (…) In den letzen zwei Wochen musst du die Schauspieler wie ein General durch die Linie des Feindes führen.*«
> Peter Zadek [97]

Ob Sie die letzten zwei Wochen nichts mehr ändern, wie bei Peter Zadek, oder ob Sie noch mitten im Probenprozess sind, hängt von Ihrer Probenzeit und Ihrer Arbeitsweise ab. Irgendwann aber muss es einen Durchlauf geben. Und das sollte nicht erst bei der Generalprobe sein.

Die Hauptproben sind die letzten Proben vor der Premiere. Meist gibt es drei, aber es können auch mehr sein. Hinzu kommen Durchlaufproben und technische Proben, wo es zum Beispiel nur um Licht und Ton oder die Umbauten und Kostümwechsel zwischen den Akten geht. In den Hauptproben soll möglichst schon alles so laufen, wie es später gedacht ist; es wird im Originalkostüm und in der korrekten Maske geprobt, das Bühnenbild steht, alle Requisiten sind im Spiel und die Technik (Licht und Ton) ist komplett. Die Arbeit am Text und an den Stellungen sollte jetzt abgeschlossen sein. Große Änderungen oder Striche in den letzten Tagen vor der Premiere verwirren die Schauspieler nur. Korrekturen am Spiel der Akteure, an Licht- und Toneinspielungen oder sonstigem spricht der Regisseur nach dem Durchlauf an.

Letzte Regieanweisungen

> »Bei den Endproben stelle ich mich immer eindeutig auf
> die Seite der Schauspieler. (…) Schauspieler werden in diesen
> zwei letzten Wochen vor der Premiere immer unsicherer –
> das ist normal –, und wenn sie in dieser Zeit den Regisseur
> verlieren und denken: Der kümmert sich um alles andere,
> aber nicht um mich, verliert er ihr Vertrauen.«
> Peter Zadek [98]

Kurz vor der Premiere steht ständig jemand vom Ensemble oder der Technik mit dem Wunsch nach einer schnellen Entscheidung vor dem Regisseur. Das kann sehr stressig sein, und ein guter Regieassistent kann auch hier eine Menge tun, etwa Fragen gebündelt und strukturiert dem Regisseur vorlegen, was aber Ensemble und Technik zunächst einmal akzeptieren müssen. Denn natürlich verhandeln sie alle lieber mit dem Regisseur als mit dessen Assistenten. Viele Mitarbeiter des Hauses werden die letzten Proben begleiten. Der Regisseur sollte vor allem seine Schauspieler im Auge behalten, die jetzt unter Umständen sehr dünnhäutig geworden sind. Ein Lichttechniker, der nach einer gespielten Szene angewidert das Gesicht verzieht, kann eine künstlerische Krise auslösen.

Techniker

Gute Regisseure beziehen die technischen Abteilungen möglichst früh ein. Machen Sie sich das Wissen der Profis zunutze. Holen Sie Lichttechniker, Requisiteure, Tontechniker mit all ihrem Wissen und ihrer Erfahrung rechtzeitig mit ins Boot. Es gibt Lichttechniker, die unerfahrenen und schnöseligen Regisseuren genau das einrichten, was die haben wollen, nur um ihnen zu beweisen, dass es so nicht geht. Das kostet Zeit und Nerven.

Kostüme

> »Achten Sie auf unerklärliche Spannungen.
> Die Kostümabteilung ist ein Barometer.«
> Alan Ayckbourn [99]

Gerade was die Kostüme angeht, wird vom Regisseur und einer Kostümbildnerin sehr viel Fingerspitzengefühl verlangt. Der Schauspieler soll sich in seinem Kostüm wohl fühlen, und es muss der Rolle gerecht werden. Zur Luise Miller aus *Kabale und Liebe* passt kein Ballkleid aus Glitzerbrokat.

Und wieder kann der Regieassistent zwischen Schauspieler und Kostümbildner vermitteln, wenn die sich nicht einigen können. Denn wenn die Vorstellungen des Schauspielers nicht berücksichtigt werden, kann der sich rächen, indem er sich so bewegt, dass es nicht nur hässlich aussieht, sondern auch das Kostüm dabei kaputt geht, wenn er nicht sowieso einfach ab der zweiten Vorstellung etwas anderes anzieht.

Garderoben

Auch für die Garderoben gibt es eine Rangordnung. Größer ist besser als kleiner, eine einzelne besser als die Gemeinschaftsgarderobe, und näher zur Bühne ist besser als am Ende des Ganges. Je größer die Rolle, je bekannter der Schauspieler, desto besser sollte seine Garderobe sein.

Müssen sich Schauspieler eine Garderobe teilen, gehört es zur Aufgabe der Assistenz, mit ein paar »privaten« Fragen früh genug diskret herauszufinden, wer mit wem gut zusammenpasst.

Für blitzschnelle Kostümwechsel müssen eventuell auch Umzugsmöglichkeiten auf der Bühne eingeplant werden. Dazu gehört neben Aufhänge- und Sitzmöglichkeit auch eine Lampe, die wiederum Strom braucht und bei den Blackouts natürlich ausgeschaltet werden muss.

Soll der Kleiderwechsel während eines Blackouts oder Szenenwechsels stattfinden, empfiehlt sich gedimmtes oder abgedunkeltes blaues Licht.

Der erste Durchlauf

Der erste Durchlauf ist für alle Beteiligten ein spannender Moment. Zum ersten Mal werden nun alle einzeln geprobten Szenen zu einem Ganzen verknüpft.

Regisseur und Assistenz beobachten dabei Unstimmigkeiten beim Ablauf. Der Rhythmus des Stückes, der Wechsel der Geschwindigkeiten und Lautstärken, wird beim ersten Durchlauf deutlich. Außerdem müssen die Schauspieler wissen, wie viel Zeit sie für Kostümwechsel benötigen und von welcher Bühnenseite sie wann auftreten sollen.

Mitschreiben

> »Assistenten sorgen dafür, dass die Proben nicht gestört werden und dass kein Krach herrscht. (...) Ein guter Assistent hat auch ein tolles Gedächtnis (...) ich brauche einen menschlichen Computer neben mir, der alles weiß (...) Assistent zu sein, ist ein großartiger Beruf. Ich war ein schlechter Assistent.«
> Peter Zadek[100]

Besonders am Schluss der Proben, während der Durchläufe und Hauptproben, will der Regisseur seinen Assistenten neben sich haben, damit der seine Anmerkungen notiert und er selbst die Bühne nicht einen Moment aus den Augen zu lassen braucht.

Wer Stenographie beherrscht, ist hier eindeutig im Vorteil. Alle anderen sollten sich eine Kurzschrift angewöhnen, mit der sie alles festhalten, was der Regisseur von sich gibt, und die sie bei der anschließenden Kritik mit dem Ensemble aber auch lesen können und nicht noch alles durcheinanderbringen. Nichts ist peinlicher, als wenn der Assistent krampfhaft versucht zu entziffern, was der Regisseur wohl gesagt hat. Die Anmerkungen wird der Regisseur aber immer selbst den Schauspielern erklären wollen, d. h. man sagt *ihm*, was man aufgeschrieben hat.

Für die Schauspieler ist es schwieriger, wenn die Kritik durch das Stück »springt«. Eine chronologische Kritik erleichtert mir außerdem die Rückschlüsse auf die zugehörige Textstelle, wenn ich wirklich etwas nicht lesen kann.

Ein Beispiel für Kurzschrift

Beim Mitschreiben bin ich folgendermaßen vorgegangen: Während der Probenzeit hat man längst für jede Rolle ein Kürzel angelegt, dass einem jetzt gute Dienste leistet. Daran anschließend schreibt man ein paar Worte aus der Stücktextzeile auf, die der Regisseur kommentiert hat. Dann kommt in Stichworten die Anweisung des Regisseurs. Wichtig ist, das Zitat von der Anweisung durch ein Zeichen (z. B. Schrägstrich) zu trennen, damit man bei schnellem Schreiben nicht durcheinanderkommt.

Das könnte so aussehen:

| jul | war die Nachtigall / mehr eindrehen |
| rom | Lerche → lauter |

Ein weiterer Vorteil dieser Schreibweise besteht darin, dass manche Regisseure die Kritik mit jedem einzeln machen. Entweder weil das schneller geht oder weil man nicht will, dass der eine mitbekommt, wie viel man dem anderen noch sagt.

Wenn zu Beginn jeder Zeile der Rollenname steht, findet man sehr leicht die Anweisungen für jeden einzelnen Schauspieler. Ich kann also mit der Schauspielerin jul alle Punkte durchgehen, die sie betreffen, dann mit dem Schauspieler rom und dann mit dem Techniker tec usw.

Regiepult mit Beleuchtung
Während der letzten Proben sitzt der Regisseur mit seinem Assistenten irgendwo unten im Zuschauerraum. Damit der seine Notizen machen kann, braucht er einen Tisch und Licht. Hat man beides nicht, gibt es in jedem Schreibwarengeschäft wunderbare Plastikplatten mit einer Klemmvorrichtung für das Papier. So ist man tischunabhängig. Und kauft man dazu für ein paar Euro eine kleine batteriebetriebene Klemmlampe, die man einfach an diesem Board befestigen kann, so sind Sie jederzeit an jeder Ecke des Zuschauerraums einsatzbereit.

Bühne und Requisite

In den letzten Proben kann es sehr sinnvoll sein, mindestens einmal nur Kostümwechsel oder Umbauten zu proben und die dafür nötige Zeit zu stoppen. So lässt sich gut feststellen, ob eine Szene für einen Kleiderwechsel oder Umbau ein paar Sekunden gedehnt werden muss, der Vorhang länger unten bleiben soll und ob jemand Hilfe braucht.

Umbauplan

Sollten die Schauspieler am Umbau beteiligt sein, z. B. bei Tourneeaufführungen, erspart ein Umbauplan eine Menge Ärger. Hier sehen Sie einen Umbauplan wieder für die ersten Szenen des *Don Carlos* in einer Tourneebearbeitung. Jeder Schauspieler, der so einen Plan besitzt, weiß genau, was er zu tun hat.

Umbauplan 1. Teil

1 auf 2	dom	Baum weg
	alb	Baum weg
	ebo	Flügel hinten rechts auf
	pos	Flügel hinten links auf
	kön	Flügel links auf
	oli	Flügel rechts auf
	ler	2 Sitzecken nach vorne
	pos	Thron und zwei Stühle, Rückenlehne hinten
2 auf 3	pos	zieht Stuhl nach rechts hinten
3 auf 4	kön	richtet Flügel rechts hinten zur Ecke
	alb	richtet Flügel links hinten zur Ecke
	dom	rechte Seite Sofa, durchlöchert hinten
	ler	linke Seite Sofa, durchlöchert hinten
	phi	rechts vorne Tür schließen und ab

Bei den Umbauproben stört es am Anfang auch gar nicht, wenn die Schauspieler ihre Umbaupläne in der Hand haben. Nach ein paar Proben sind die Handgriffe in Fleisch und Blut übergegangen.

Requisitenplan

Von den beweglichen Gegenständen, die zur Ausstattung der Szenen gehören, mache ich vor den ersten Durchläufen einen Plan, den Requisitenplan. Ein Requisit gehört immer zu dem Schauspieler, der es zuerst in die Hand nimmt, auch wenn dann ein anderer während der ganzen Szene damit spielt. Ich muss also wissen, wessen Requisit es ist, wo es sich zu Beginn des Stücks oder zu Beginn des zweiten Teils nach der Pause befindet. So kann sich der Assistent und später der Inspizient vor der Vorstellung davon überzeugen, dass alles an seinem Platz ist. Natürlich sollte sich auch jeder Schauspieler für sein Requisit verantwortlich fühlen.

Requisitenplan

Beginn des Stückes

Requisitentisch	**Rechte Hinterbühne**
Rose (ger)	Tasche (ger)
Buch (ger)	
Stift (mos)	
Taschentuch (mos)	

Kommode Bühne Schublade	**Jackentasche**
Geschirrtuch (and)	Taschenuhr (ger)

Nur ein beweglicher Gegenstand, der bespielt wird, gehört zur Requisite. Eine Blumenvase auf der Kommode, die im Stück nicht berührt oder bewegt wird, ist Dekoration und keine Requisite. Dafür ist an großen Theatern auch eine ganz andere Abteilung zuständig.

Maske

Enthält die Inszenierung eine schwierige Maske, Stellen, an denen umgeschminkt bzw. komplizierte Veränderungen an Gesicht und Haaren vorgenommen werden müssen, dann sollte auch das vorher geprobt werden.

Es gibt auch Schauspieler, die allergisch auf bestimmte Schminke oder Kleber reagieren. Für alles gibt es eine Lösung, aber eben nicht mehr, wenn der Hauptdarsteller am Tag der Premiere im Gesicht aussieht wie ein Streuselkuchen.

Licht

Was immer der Regisseur während der Probenarbeit zum Thema Licht gesagt hat, wurde vom Regieassistenten notiert und gesammelt, sodass er beim ersten Treffen mit dem Lichttechniker die vom Regisseur gewünschten Lichtstimmungen benennen kann. Reichen die Notizen nicht, muss vor dem Treffen mit dem Beleuchtungsmeister eine Lichtbesprechung mit dem Regisseur stattfinden.

Heute wird zwischen Beleuchter und Lichtgestalter unterschieden. Während der Beleuchter einen eher handwerklichen Hintergrund hat, ist ein Lichtgestalter oder Lichtdesigner zuständig für die Lichtgestaltung und macht eher eigene Vorschläge für Stimmungen oder Lichtakzente.

Lichtfarben

Beim Licht stehen mir unterschiedliche Farben zur Verfügung, mit denen ich bestimmte Effekte erzielen kann.

Farben drücken Stimmungen aus und stehen Ihnen als gestalterisches Mittel zur Verfügung.

Rot   Wut, Kraft, Wärme
Gelb   Sonne, Freude, Orient
Grün   Natur, Frische, Frühling
Blau   Mondnacht, Kühle, Wasser

So kann zum Beispiel rotes Licht für einen warmen Sommertag und bläuliches Licht für eine kalte Mondnacht eingesetzt werden.

Lichtplan

An großen Theatern gehört die Erstellung eines Lichtplans meist nicht zu Ihren Aufgaben, aber an kleineren oder Tourneetheatern vereinfacht es die technischen Proben, wenn Sie einen Lichtplan gemacht haben. Im Lichtplan werden für den Oberbeleuchter die einzelnen Wechsel von einer Stimmung in die andere aufgezeichnet, eventuell mit zusätzlichen Stichworten.

So könnte er aussehen:

Saal dunkel
Musik ab – dann 10 Sekunden warten
Vorhang auf
Stimmung 1 (dunkel)
Stimmung 2 (helles Licht Gasse)
Vorspiel
Stimmung 3 (Licht aus)
Stimmung 4 (Umbaulicht rein) Umbau
Stimmung 5 (Umbaulicht aus)
Stimmung 6 (helles Licht ohne Gasse)
Bild 1
Stimmung 7 (Licht aus)
Stimmung 8 (Umbaulicht rein) Umbau

Stimmung 9 (Umbaulicht aus)
Stimmung 10 (Licht 40 % mit Gasse)

Bild 2
Stimmung 11 (Licht aus)
Stimmung 12 (Umbaulicht rein) – Umbau
Stimmung 13 (Umbaulicht raus)
Stimmung 14 (helles Licht plus Verfolger)

Meist ist es Aufgabe des Regieassistenten, mit dem Lichttechniker (und auch mit dem Tontechniker [siehe Tonplan]) das Technikbuch einzurichten. Da werden dann Stichworte, Helligkeit und Geschwindigkeit eines Blackouts genau notiert. Achten Sie darauf, dass Sie für Techniker, die das Stück mitlesen, größere Licht- oder Tonwechsel schon auf der vorhergehenden Seite ankündigen.

Lichtplan für eine Tournee

Für Stücke, die auf Tournee gehen, sollte der Regisseur auf eine möglichst einfache Lichtregie achten. Die Zeit ist knapp, und Stücke mit 60 verschiedenen Lichtstellungen haben nach zehn Tourneevorstellungen meist nur noch drei (hell, dunkel und Umbaulicht). Meist bekommt der Techniker die Bühne gerade so vor Vorstellungsbeginn aufgebaut und hat sehr wenig Zeit für die Einrichtung. Wenn Sie also wollen, dass Ihr Stück auch nach ein paar Tourneevorstellungen noch zu erkennen ist, müssen Lichtstellungen, die in jedem neuen Theater ja einzeln eingeleuchtet werden müssen, so einfach wie möglich sein.

Ton

Während der Probe notiert der Regieassistent auch die Gedanken und Ideen des Regisseurs bzgl. des Tons und der akustischen Effekte. Die bespricht er dann anschließend mit dem Tontechniker bzw. dem Tonmeister. Der Tontechniker ist für die technische Bedienung und Wartung aller tontechnischen Anlagen zuständig. Er ist dem Tonmeister in fachlicher Hinsicht unterstellt.

Echte und »falsche« Töne
Ein Regisseur will alle Geräusche auf einer CD oder als Audio-Dateien auf dem Computer, ein anderer will nur Live-Geräusche, z. B. soll eine Türklingel oder ein Telefon richtig klingeln.

Sind die Geräusche echt, sind sie zwar authentischer aber störanfälliger; werden sie von CD bzw. einem Computer eingespielt, gibt es das Problem nicht nur mit der Anzahl, sondern auch der Position der Lautsprecher. Das Geräusch muss dort erzeugt werden, von wo es kommen soll. Ein falsch verlegtes Kabel oder ein herausgerutschter Stecker, und es bleibt mucksmäuschenstill.

Ein Beispiel: Die Spülung muss hinter der Toilettentür rauschen, die Radiomusik kommt nicht wie die Pausenmusik über die Publikumslautsprecher, sondern aus einem Lautsprecher hinter dem Radio, und die Explosion in der Küche sollte hinter der Küchentür zu hören sein. Sie brauchen für diese Inszenierung also mindestens fünf Lautsprecher und ein Mischpult, um die Geräusche zuordnen zu können.

Sorgen Sie also möglichst früh dafür, dass der Tontechniker weiß, wie viele Lautsprecher Sie brauchen (möglicherweise auch kleine Lautsprecher, die ich zum Beispiel im Radio verstecken kann) und welche Effekte vorkommen.

Empfehlenswert ist eine Ersatz-CD, oder falls Sie auf einem PC gespeicherte Audioaufnahmen verwenden: Erstellen Sie eine ent-

Hauptproben

sprechende Play- bzw. Tracklist und sichern Sie diese auf einem USB-Stick bzw. auch auf einer CD. Alle Tracks sollten auch einzeln abspielbar sein.

Musik

Für viele Regisseure ist Musik, neben Sprache, Bewegung und/oder Tanz, ein wichtiges künstlerisches Element. Musik spricht unsere Emotionen an, sie erzählt dem Zuschauer häufig, was er empfinden soll. Trauer, Freude, Liebe lassen sich einfacher und direkter darstellen. Musik kann Emotionen sichtbar und erlebbar machen. Einige Regisseure suchen Musikstücke nach dem Liedtitel aus: »Je ne regrette rien« nach einem heftigen Ehekrach und »O happy day« nach einem gewonnenen Spiel. Auf den Text achtet der Zuschauer aber in der Regel erst in zweiter Linie, zumal wenn er nicht auf deutsch gesungen ist.

Es kann vorkommen, dass der Regieassistent Musikvorschläge machen soll. Eine große Hilfe sind gute Musik- oder Musikaliengeschäfte, in denen Profis arbeiten, die unter Umständen nach ein paar vorgesummten Takten schon wissen, was man von ihnen will.

Für andere Inszenierungen wird Musik eigens komponiert, weil es künstlerisch sinnvoll ist oder um z. B. die GEMA-Gebühren zu umgehen, die man für die Nutzung dort gemeldeter Komponisten bezahlen muss.

Eine Sonderstellung im Theater nimmt die sichtbar gespielte Live-Musik ein, die häufig gleichberechtigt neben der sprachlichen Vermittlung der Geschichte steht.

Tonplan

Analog zum Lichtplan kann es Ihre Aufgabe sein, einen Tonplan mit allen Musikstücken und Toneinsätzen für den Tontechniker zu erstellen.

Nr.	an (Stichwort)	Seite	aus (Stichwort)	Seite	Ton
1.	Zuschauerraum dunkel	1	Bühne hell	1	Mozart
2.	Radio an	5	Radio aus	6	Céline Dion
3.	Peter: Ok, wir gehen! (Umbau)	25	Umbaulicht aus	25	Händel
4.	Maria: Unsinn!	31			3 x Telefonklingeln
5.	Peter schmeißt Blumen weg!	45	Zuschauerraum hell (Pause)	45	Panflöte

Ergänzen können Sie noch Anweisungen wie »schnell reinziehen«, »langsam anfangen«, »leise im Hintergrund« oder »ausblenden«.

In einzelnen Fällen sitzt der Regieassistent bei mindestens einem Durchlauf in der Tontechnik und nicht neben dem Regisseur.

Der Vorhang

Beim ersten Durchlauf kommt der Vorhang ins Spiel, der in manchen Theatern elektrisch zu bedienen ist und leicht und schnell zugeht. In anderen Häusern bewegt er sich aber nur sehr langsam.

Wenn Sie viele Bilder bei geschlossenem Vorhang umbauen wollen, bauen Sie den langsamen Vorhang mit ein oder bauen Sie bei Umbaulicht und offenem Vorhang um.

Auch die Verbeugungsordnung [siehe Seite 171] kann sich, wird sie ohne Vorhang oder mit langsamem Vorhang gemacht, ändern.

Nach einem Durchlauf sollten Sie als Assistent eine Liste mit allen Unstimmigkeiten, noch nicht funktionierenden oder fehlenden Einrichtungen erstellen und sofort mit allen Abteilungen klären. Aufmerksamkeit, Mitdenken und Mitschreiben ist also unerlässlich. Und wenn das nicht genügt, dann müssen Sie vor der Generalprobe noch eine weitere Hauptprobe einschieben.

DIE GENERALPROBE

Die Generalprobe ist die letzte Probe vor der Premiere. Das Stück soll nun so ablaufen, als handle es sich um eine richtige Vorstellung. Kostüme, Musik, Requisiten, alles muss original sein. Der Regisseur hat zwar noch die Chance, in das Geschehen einzugreifen, idealerweise sollte die Generalprobe aber ohne Unterbrechung durchlaufen.

Auch die Arbeit für den Regieassistenten ist meist mit der letzten Probe beendet. Er wird erst wieder zu Wiederaufnahmen oder im Falle einer Umbesetzung benötigt.

Hektik

»Wir haben keine Zeit! Darum langsam.«
Fritz Kortner [101]

Egal, wie lange man geprobt hat, jetzt hat man zu wenig Zeit und Hektik bricht aus. Wie gerne hätte der Regisseur noch mal die schwierige Szene geprobt oder ein anderes Requisit verlangt. Die Schuhe eines Schauspielers, die vier Durchläufe wunderbar gepasst haben, drücken auf einmal, und der Requisitenbrief, den der Assistent zu Hause liebevoll gebastelt hat, ist eine einzige Katastrophe, weil das Papier auf einmal viel zu dick ist.

Nehmen Sie die Beteiligten an einer Generalprobe mit ihren Problemen sehr ernst. Aber nehmen Sie es sich nicht zu Herzen. Kaum etwas ist jetzt so gemeint, wie es gesagt wird.

Aberglaube

Bei der Generalprobe gibt es einen Aberglauben, der sagt, dass die Generalprobe danebengehen muss. Man glaubt, dass die Schauspieler sich bei der Premiere nicht mehr so konzentrieren, wenn die Generalprobe zu glatt lief. Viele Regisseure bekommen bei der Generalprobe plötzlich unmotiviert einen Tobsuchtsanfall, unterbrechen oder freuen sich, wenn etwas nicht klappt. Das resultiert aus dem nicht ganz unbegründeten Aberglauben, dass dadurch die Premiere besser wird. Manche Regisseure sind sehr erfinderisch im Inszenieren von Pannen. Daneben ist Applaus am Ende der Generalprobe verpönt, da dies Unglück für die Premiere bringen soll.

Wenn man Kollegen besucht, besucht man nach Möglichkeit nicht die zweite Vorstellung. Zumindest wenn die Premiere wunderbar geklappt hat.

Video

Die heutigen Aufnahmetechniken sind so einfach geworden, dass es sehr sinnvoll sein kann, erste Durchläufe, Generalproben oder Premieren auf Video aufzunehmen, was Umbesetzungen oder Wiederaufnahmen erleichtert. Und eigenmächtige Veränderungen der Schauspieler können später besser dokumentiert werden.

Ein Stück verändert sich allerdings nach unzähligen Aufführungen, und wenn ein neuer Schauspieler eingelernt wird, hat er mit dem Video der ersten Aufführung große Probleme. Trotzdem können Stellungen oder technische Abläufe sehr hilfreich sein. Auch für den Regieassistenten, der nach der Premiere für Umbesetzungen und Wiederaufnahmen der Inszenierung sowie künstlerische Überwachung der folgenden Aufführungen verantwortlich ist.

Es wird immer in der Totalen gedreht, sodass die gesamte Szene im Bild ist. Auf Filmkunst mit Fahrten und Schwenks sollte man verzichten.

Tournee

Geht das Stück nach der Premiere auf Tournee, gibt es noch vor der Generalprobe ein paar sehr wichtige Aufgaben zu erledigen.

Requisiten, die sich während der Vorstellung verbrauchen (Briefe, die zerrissen, oder Gläser, die zerschlagen werden) müssen für jede Vorstellung als Ersatz angeschafft werden. Unterwegs ist keine Zeit, auf die Suche nach Requisiten zu gehen. Nur Lebensmittel, die nicht haltbar sind, müssen frisch nachgekauft werden.

Verpackungsmaterial, Kartons, Decken etc. sind nötig, in denen alle Requisiten in großen Kisten verpackt werden, am besten in Anwesenheit der Tourneeleitung oder Abendregie, um alles schnell wiederfinden zu können.

Publikum

Eine Generalprobe findet häufig schon vor Publikum statt, oft sind es Freunde des Theaters, Bekannte der Schauspieler oder Schulklassen.

In diesen sogenannten Vorpremieren, Einspielvorstellungen oder Previews können sich die Schauspieler nicht nur an die Anwesenheit eines Publikums gewöhnen und an Sicherheit gewinnen, sondern auch an seinen Reaktionen testen, ob zum Beispiel in Komödien die Lacher an der »richtigen« Stelle kommen.

Verbeugungs- oder Applausordnung

Spätestens bei der Generalprobe (bei manchen Regisseuren schon sehr viel früher) wird die Verbeugungsordnung geprobt. Aufgabe der Regieassistenz ist es, diese auf der Hinterbühne auszuhängen oder an alle zu verteilen.

Verbeugungsordnung
Stückende/Vorhang zu/Vorhang auf

seb man
mar mic pit tim eik
hor uli til

Verbeugen und alle abgehen
uli, til, pit, tim, eik, man (nach rechts)
hor, mar, mic, seb (nach links)

Einzeln aus den Türen kommen, verbeugen,
in die Gasse gegenüber ab

Reihenfolge
seb
tim
mar
man
mic
eik
pit
til
hor
uli

> uli winkt hor und til,
> Verbeugung mit hor und til
> Beide machen Armbewegung zu den anderen
> Gesamtverbeugung
> Beim Abgang trennen zwischen uli und hor
> uli und hor kommen wieder
> winken den anderen
> ad libitum.*

Ablauf und Länge der Verbeugungsordnung
Es gibt kaum einen Punkt bei einer Inszenierung, wo so viele Fallstricke lauern wie bei der Verbeugungsordnung.

Jeder Schauspieler will die Chance haben, das Anschwellen des eigenen Applauses messen zu können. Aber in welcher Reihenfolge?

Die Hauptdarsteller können sich als Erste verbeugen, wenn mit ihnen die letzte Szene endet. In den Einzelverbeugungen will sich jeder möglichst weit hinten verbeugen. Aber kann ich eine ältere Kollegin, die eine Magd gespielt hat, vor einem zwanzigjährigen Kollegen rausschicken, nur weil der drei Sätze mehr hat? Hauptdarsteller ist nicht gleich Titelrolle und weiblich verbeugt sich nicht immer vor männlich.

Sehr gute Anhaltspunkte bieten Stücktext oder Programmheft. Die Reihenfolge der Personen im Stücktext ist eine gute Grundlage für die Verbeugungsordnung. Außerdem können Sie den Haupt-

---

* Diese Verbeugungsordnung enthält Kürzel für die Schauspieler (natürlich kann man auch die ausgeschriebenen Vornamen verwenden). Manche Regieassistenten verwenden lieber die Rollenkürzel. Bei Umbesetzungen muss dann nichts geändert werden, dafür kann bei Doppelrollen auch mal was durcheinanderkommen. Bei schwierigen Verbeugungsordnungen können Zeichnungen helfen. (A. d. A.)

darstellern mehrere Möglichkeiten zu Einzelverbeugungen geben und dabei mal den einen, mal den anderen als letzten gehen lassen. Wenn Sie Ihre Verbeugungsordnung gegenüber dem Ensemble begründen können, gibt es die wenigsten Probleme.

Die meisten Schauspieler mögen keine lange Verbeugungsordnung, weil die sie zwingt, die Verbeugungsordnung auch bei schwachem Applaus bis zum Ende durchzuführen. Und dann wird es peinlich.

Am besten enthält die Verbeugungsordnung am Ende eine Sequenz, die bei großem Beifall immer wiederholt werden kann.

Erfolgt die Generalprobe vor Publikum, wird die Verbeugungsordnung erst geprobt, wenn die Zuschauer schon weg sind.

Gestaltete Verbeugung

Wenn die Schauspieler sich verbeugen, ist das Stück eigentlich zu Ende. Es gibt Regisseure, die wollen, dass man sich zumindest bei den ersten Vorhängen in den Rollen verbeugt. Manchmal werden kleine Duoszenen während der Verbeugung eingebaut, typische Haltungen oder Reaktionen. Ob Sie das machen, ist Geschmackssache.

Die Premierenverbeugung

Für die Premierenverbeugung muss noch eine Stelle festgelegt werden, an der sich die sogenannten »Schwarzen«, also der Regisseur, der Kostümbildner, der Ausstatter etc. verbeugen. Mit ein bisschen Glück darf sogar der Regieassistent auf die Bühne.

Es empfiehlt sich, den einmaligen Auftritt von Schauspielern und künstlerischem Team so einfach wie möglich zu gestalten.

Die Schauspieler klatschen

Waren die Schauspieler sehr zufrieden mit der Arbeit, bekommt der Regisseur bei der Premiere schon mal Applaus von den Schauspielern.

Als Unsitte gilt es, das Publikum zu beklatschen, weil es so schön gelacht hat oder so gut mitgegangen ist.

DIE PREMIERE

Irgendwann ist sie da und es entscheidet sich, ob sich die Arbeit gelohnt hat. Für Regisseur und Regieassistent ein zwiespältiger Tag. Einerseits ist man gespannt, wie Publikum und Presse auf das Ergebnis reagieren, andererseits fühlt man sich überflüssig. Die Arbeit ist getan. Man kann jetzt (fast) nichts mehr tun.

In der Premierengarderobe
In der Schauspielergarderobe gibt es bei der Premiere nichts Wichtigeres zu tun, als das Selbstbewusstsein der Darsteller zu stärken: loben, Daumen drücken und zur Inszenierung stehen. Ein kleines *Beim nächsten Mal machen wir das anders* oder *Über das Kleid sollten wir nach der Premiere noch mal reden* kann ungeahnte Konsequenzen haben. Ich habe schon erlebt, dass ein ganzes Ensemble vor einer Garderobentür steht und den Herrn Schauspieler anbettelt, doch auf die Bühne zu kommen.

Alkohol
Alkohol erhöht das subjektive Wohlbefinden, aber nicht die objektive Leistungsfähigkeit. Kein Alkohol, auch kein Glas Sekt *vor* der Premiere.

Premierengeschenk
Zur Premiere beschenkt man sich an manchen Theatern. Im günstigsten Fall kann ein Schauspieler nach der Premiere vor seinem Garderobenspiegel einen kleinen Altar aufbauen mit den sinnlosen Kleinigkeiten, die er bei der Premiere bekommen hat und die natürlich jetzt die Aufgabe haben, ihm Glück zu bringen.

Die meisten Premierentage meines Lebens habe ich mit Kauf, Verpackung und Beschriftung von Premierengeschenken verbracht. Schenken muss man natürlich nichts, es sei denn, es ist Ihnen unangenehm, wenn alle etwas mitbringen und Sie sind der einzige, der kein Präsent dabei hat. Gute Ideen kosten wenig und haben etwas mit dem Stück zu tun. Eine Postkarte, eine Süßigkeit oder ein Requisit in Miniaturausgabe, eine nette Karte – Ihrer Phantasie sind keine Grenzen gesetzt. Manchmal bekommt auch die Regieassistenz etwas geschenkt.

Toi, toi, toi
Vor der Premiere ist es üblich, seine guten Wünsche zum Erfolg nicht auszusprechen, stattdessen dreimal »toi, toi, toi« zu sagen. Dazu deutet man ein dreimaliges Spucken über die linke, auf gar keinen Fall über die rechte Schulter des Schauspielers an. Ein alter Volksglaube besagt, dass hinter der linken Schulter der Teufel sitzt. Ob der vor der Premiere vertrieben oder um Hilfe angerufen werden soll, wer weiß ... Der Schauspieler darf danach nicht »Danke« sagen, das bringt Unglück, wie so vieles im Theater. Außerdem sollte der Schauspieler vor dem Bespucken im Kostüm sein.

Die Premierenvorstellung

Viele Regisseure sehen sich die Premierenvorstellung aus Nervosität und Angst, die Schauspieler halten sich nicht an mühselig erarbeitete Regieanweisungen, nicht an.

Ihre Befürchtungen können sich zuweilen bestätigen. Die Macht eines Regisseurs ist eben begrenzt. Mischen Sie sich nur noch in Ausnahmefällen ein. Ihre Arbeit ist mit der Premierenvorstellung beendet.

Die Premierenfeier

Ob Reinfall oder Erfolg, eine Premierenfeier findet immer statt. Man lässt sich von Freunden, Bekannten und Kollegen hofieren und im Notfall feiert man sich eben selbst. Vielleicht haben die Zuschauer auch gelacht oder heftig applaudiert, und wenn alles einigermaßen geklappt hat, fällt die Spannung ab, und allen ist richtig nach Feiern zumute.

Ein Regieassistent ist da eigentlich überflüssig. Für den Regisseur ist meist im Premierenlokal noch ein Platz reserviert, für den Assistenten oft nicht. Niemand wird ihn bitten, sich dazuzusetzen, und man kommt sich mitunter ziemlich verloren vor. Nicht, dass Sie mich missverstehen, das ist ganz in Ordnung so. Aber ich wollte Sie nur schon einmal vorwarnen. Es gibt Schauspieler, die den Assistenten erfreut an den Tisch bitten, und Regisseure, die sich um ihren Assistenten kümmern. Aber rechnen Sie nicht damit. So ein Premierenabend kann beim Regieassistenten nicht nur Glücksgefühle auslösen.

Nach der Premiere

Sie haben wochen- oder monatelang das Stück ins Zentrum ihres Lebens gestellt, haben alles getan, damit die ganze Maschinerie funktioniert. Am Premierentag haben Sie gebangt und gezittert, ohne dass sie wirklich etwas hätten tun können, und mit dem Fallen des Schlussvorhangs ist Ihre Arbeit von einer auf die andere Sekunde erledigt.

Meine Lieblingsregisseurin hat die Premiere immer mit einem Koitus interruptus verglichen, und das kommt der Wirklichkeit sehr nahe. Sie arbeiten sehr lange auf den Höhepunkt hin, den dann die Schauspieler auf der Bühne haben, während Sie noch immer flach atmend im Foyer herumlaufen.

Wenn nicht morgen die erste Probe für die nächste Produktion wäre, würde man glatt in ein schwarzes Loch fallen. Manche Regieassistenten begleiten das Stück weiterhin und übernehmen zum Beispiel die Abendspielleitung.

Die Inszenierung wird sich verändern. Schauspieler sprechen plötzlich ihre Monologe an der Rampe, ein ungeliebtes Requisit wird jetzt doch nicht benutzt und einige Schauspieler provozieren Applaus, indem sie vor dem Abgang noch eine kleine Pause einlegen. Wenn der Regisseur um bestimmte Stellen regelrecht gekämpft hat, machen die Schauspieler jetzt, was sie wollen. Im besten Fall aber fangen sie im Laufe der vielen Vorstellungen an, die Figuren weiterzuentwickeln und die Beziehungen zu den Mitspielern zu vertiefen. Ein Schauspieler, der mit Leib und Seele dabei ist, entwickelt seine Rolle Aufführung für Aufführung weiter.

NACHWORT

Theater ist ein flüchtiger Moment, in dem sich Schauspieler und Publikum begegnen. Ein Regisseur ist angewiesen auf Kritiker und Zuschauer, die in seine Inszenierung kommen, die ihr Augenmerk nicht ausschließlich auf das Stück und die Schauspieler richten, sondern seine Arbeit im Zusammenspiel der Darsteller erkennen und loben und ihn nicht zuletzt weiterempfehlen. Nur so wird er für eine neue Produktion engagiert werden.

Einen fremden Regisseur zu engagieren, ist immer ein Wagnis. Deswegen sollte man versuchen, solange die Inszenierung läuft (auch wenn es nur eine Laienbühne oder eine Studentenaufführung ist), so viele Theaterleute wie möglich, vor allem Intendanten, in die Vorstellung zu holen.

Ein Assistent hat es ein wenig einfacher. Der Nachweis, mit diesem oder jenem guten Regisseur an erfolgreichen Inszenierungen und bekannten Theatern mitgewirkt zu haben, öffnet ihm Türen, die sich jedoch schnell wieder schließen, wenn er nicht hält, was sein Entwicklungsgang verspricht.

Der Zeitpunkt für eine eigene Inszenierung lässt sich nicht voraussagen, und es ist nicht einmal sicher, dass er überhaupt kommt. Auf dem Weg zur eigenen Inszenierung brauchen Sie nicht nur Ausdauer und Beharrlichkeit, sondern auch eine große Portion Glück.

Doch vor allem bewahren Sie sich Ihre unverbrüchliche Liebe zu diesem furchtbaren, faszinierenden, schrecklichen, wundervollen Theater.

Anmerkungen

1 Peter Zadek, *Menschen, Löwen, Adler, Rebhühner. Theaterregie*, Köln 2003, S. 37.
2 Regine Lutz, *Schauspieler, der schönste Beruf – Einblicke in die Theaterarbeit*, München 1993, S. 85.
3 Das Deutsche Bühnen-Jahrbuch, herausgegeben von der Genossenschaft Deutscher Bühnen-Angehöriger, erscheint jedes Jahr im Dezember und umfasst die Personalverzeichnisse der Bühnen in der Bundesrepublik Deutschland, in Österreich, der deutschsprachigen Bühnen in der Schweiz sowie die Anschriften weiterer wichtiger Theater in Europa.
4 Dario Fo, *Kleines Handbuch des Schauspielers*, Frankfurt am Main 1989, S. 78.
5 Heinz Herald, *Max Reinhardt. Bildnis eines Theatermannes*, Hamburg 1953, S. 96.
6 Siehe Manfred Brauneck, *Theater im 20. Jahrhundert. Programmschriften, Stilperioden, Reformmodelle*, Reinbek 1982, S. 12.
7 David Mamet, *Richtig und Falsch. Kleines Ketzerbrevier für Schauspieler*, Berlin 2001, S. 173.
8 Peter Brook, *Das offene Geheimnis*, Berlin 2012, S. 34.
9 Dario Fo, *Kleines Handbuch des Schauspielers*, a. a. O., S. 140 f.
10 Zitiert nach Walter Kaufmann, *Tragödie und Philosophie*, Tübingen 1980, S. 98.
11 David Mamet, *Richtig und Falsch*, a. a. O., S. 40.
12 Anton Tschechow, *Briefe 1889–1892*, herausgegeben von Peter Urban, Zürich 1979, S. 73.
13 Alfred Hitchcock in: François Truffaut, *Mr. Hitchcock, wie haben Sie das gemacht?*, Gespräch zum Thema »Suspense«, München 1997 (19. Aufl.), S. 64.
14 Konstantin S. Stanislawski, *Die Arbeit des Schauspielers an sich selbst*, Bd. 1, Berlin 1981, S. 45.
15 Peter Brook, *Das offene Geheimnis*, ebd., S. 17.
16 Susanne Lothar in: Ulrich Khuon (Hg.), *Beruf: Schauspieler. Vom Leben auf und hinter der Bühne*, Hamburg 2005, S. 31.
17 Aristoteles, *Poetik*, Stuttgart 1982, S. 17.
18 Mutter von Tony Barr in: Tony Barr, *Acting for the Camera: Schauspielen für Film und Fernsehen. Techniken und praktische Tipps für Anfänger und Profis*, Köln 2001, S. 135.
19 Tony Barr, a. a. O., S. 154.
20 Denis Diderot, *Das Paradox über den Schauspieler*, Leipzig 1964, S. 67.

21 Spencer Tracy zit. nach Judith Weston, *Schauspielerführung in Film und Fernsehen,* Frankfurt am Main (2. Aufl.) 2002, S. 116.
22 Vgl. Anne-Kathrin Wilde, »Geschichte der Theaterregie«, in: *Denn ohne Stress keine Evolution. Auch nicht im Theater,* München 2009, S. 7 sowie Alexandra Garaventa, »Geschichte der Theaterregie«, *Regietheater in der Oper,* München 2006, S. 122.
23 Zitiert nach Inge Moossen, *Theater als Kunst – Sinn und Unsinn des Stanislawski-Systems,* Frankfurt am Main 1993, S. 30.
24 Elena Iwanowna Poljakowa, *Stanislawski. Leben und Werk des großen Theaterregisseurs,* Bonn 1981.
25 Zitiert nach Richard Blank, *Schauspielkunst in Theater und Film,* Berlin 2001, S. 90.
26 Alan Ayckbourn, *Theaterhandwerk. 101 selbstverständliche Regeln für das Schreiben und Inszenieren,* Berlin 2006, S. 153.
27 Zitiert nach Gudrun Gallasch, *Close-up,* Gerlingen 2002, S. 179.
28 Siehe David Mamet, *Richtig und Falsch,* a. a. O., S. 180 f.
29 David Mamet, ebd., S. 20.
30 Ebd., S. 19.
31 Bertolt Brecht, *Über den Beruf des Schauspielers,* Frankfurt am Main 1970, S. 81.
32 Konstantin S. Stanislawski, *Die Arbeit des Schauspielers an sich selbst,* ebd., S. 151.
33 Alan Ayckbourn, *Theaterhandwerk,* a. a. O., S. 153.
34 David Mamet, *Richtig und Falsch,* a. a. O., S. 21.
35 Lew Bogdan in: Lee Strasberg, *Das Schauspieler-Seminar,* Schauspielhaus Bochum, herausgegeben vom Schauspielhaus Bochum, Redaktion Jakob Jenisch, Bochum 1979, Lew Bogdan im Vorwort auf S. 7.
36 Alan Ayckbourn, *Theaterhandwerk,* a. a. O., S. 153.
37 Tony Barr, *Acting for the Camera,* a. a. O., S. 142.
38 Zitiert nach Richard Blank, *Schauspielkunst in Theater und Film,* ebd., S.18.
39 Lee Strasberg, *Schauspielen* (1974) in: Lee Strasberg, *Schauspielen & Das Training des Schauspielers,* herausgegeben von Wolfgang Wermelskirch, Berlin 2007 (7. Aufl.), S. 130.
40 Richard Blank, *Schauspielkunst in Theater und Film,* a. a. O., S. 38.
41 Bertolt Brecht, *Über den Beruf des Schauspielers,* a. a. O., S. 62.
42 Ebd., S. 63.
43 Ebd., S. 14 f.
44 Ebd., S. 54.
45 Peter Zadek, *Menschen, Löwen, Adler, Rebhühner. Theaterregie,* a. a. O., S. 42.
46 Peter Iden, *Regie im Theater: Jürgen Flimm,* Frankfurt 1996, S. 73.

Anmerkungen

47 Zitiert nach Inge Moossen, *Theater als Kunst,* a. a. O., S. 61.
48 Alan Ayckbourn, *Theaterhandwerk,* a. a. O., S. 15.
49 Friedemann Schulz von Thun, *Miteinander reden,* 3 Bde., Bd. 2: *Stile, Werte und Persönlichkeitsentwicklung. Differentielle Psychologie der Kommunikation,* Reinbek bei Hamburg 1989.
50 Alte Schauspielerregel nach A. Ayckbourn, *Theaterhandwerk,* a. a. O., S. 15.
51 Gotthold Ephraim Lessing: »Hamburgische Dramaturgie«, Erster Band, Erstes Stück (den 1sten Mai, 1767) in: *Werke,* München 1970 ff., S. 237.
52 Regine Lutz, *Schauspieler, der schönste Beruf,* a. a. O., S. 101 f.
53 Michael Caine, *Weniger ist mehr. Kleines Handbuch für Filmschauspieler,* Berlin 2005, S. 44.
54 Heinz Herald, *Max Reinhardt,* a. a. O., S. 135.
55 Alan Ayckbourn, *Theaterhandwerk,* a. a. O., S. 85.
56 Peter Zadek, *Menschen, Löwen, Adler, Rebhühner,* a. a. O., S. 54.
57 Bertolt Brecht, *Über den Beruf des Schauspielers,* a. a. O., S. 95.
58 Regine Lutz, *Schauspieler, der schönste Beruf,* a. a. O., S. 78.
59 Ebd. S. 76.
60 Peter Zadek, *Menschen, Löwen, Adler, Rebhühner,* a. a. O., S. 47.
61 Alan Ayckbourn, *Theaterhandwerk,* a. a. O., S. 111.
62 Regine Lutz, *Schauspieler, der schönste Beruf,* a. a. O., S. 216.
63 Peter Brook, *Das offene Geheimnis,* a. a. O., S. 130.
64 Zitiert nach Karl Blanck und Heinz Haufe: *Unbekanntes Theater. Ein Buch von der Regie,* Stuttgart 1943, S. 46.
65 Judith Weston, *Schauspielerführung in Film und Fernsehen,* a. a. O., S. 375.
66 Zitiert nach Karl Blanck und Heinz Haufe: *Unbekanntes Theater,* a. a. O., S. 47.
67 Peter Zadek, *Menschen, Löwen, Adler, Rebhühner,* a. a. O., S. 59.
68 Regine Lutz, *Schauspieler, der schönste Beruf,* a. a. O., S. 82.
69 Ebd., S. 77.
70 Fritz Kortner in: Claus Landsittel (Hg.), *Kortner anekdotisch,* München 1967, S. 54.
71 Regine Lutz, *Schauspieler, der schönste Beruf,* a. a. O., S. 115.
72 Ebd., S. 101.
73 Ebd., S. 162.
74 Bertolt Brecht, *Über den Beruf des Schauspielers,* a. a. O., S. 92.
75 Michael Caine, *Weniger ist mehr,* a. a. O., S. 51.
76 Dario Fo, *Kleines Handbuch des Schauspielers,* a. a. O., S. 261 f.
77 Regine Lutz, *Schauspieler, der schönste Beruf,* a. a. O., S. 216.
78 Morgan Freeman zit. nach Judith Weston, *Schauspielerführung in Film und Fernsehen,* S. 123.

79 Bertolt Brecht, *Über den Beruf des Schauspielers*, a. a. O., S. 89.
80 David Mamet, *Richtig und Falsch*, a. a. O., S. 35.
81 Bertolt Brecht, *Über den Beruf des Schauspielers*, (Aus dem Unterkapitel »Allgemeine Tendenzen, welche der Schauspieler bekämpfen sollte«), a. a. O., S. 84.
82 Susanne Lothar in: Ulrich Khuon (Hg.), *Beruf: Schauspieler*, a. a. O., S.37.
83 Theodor Siebs, *Deutsche Aussprache. Reine und gemäßigte Hochlautung mit Aussprachewörterbuch*. Hrsg. von Helmut de Boor u. a. 19. umgearb. Auflage, Berlin 1969.
84 *Duden, Das Aussprachewörterbuch*. Bibliographisches Institut, Mannheim.
85 Regine Lutz, *Schauspieler, der schönste Beruf*, a. a. O., S. 92.
86 Peter Zadek, *Menschen, Löwen, Adler, Rebhühner*, a. a. O., S. 27.
87 Fritz Kortner in *Kortner anekdotisch*, a. a. O., S. 37.
88 Ebd. S. 37.
89 Tony Barr, *Acting for the Camera: Schauspielen für Film und Fernsehen*, a. a. O., S. 132.
90 Paul Watzlawick (1921–2007), Psychologe. Paul Watzlawick/Janet H. Beavin/Don D. Jackson, *Menschliche Kommunikation. Formen, Störungen, Paradoxien*, Bern 2007 (11. Aufl.).
91 Gotthold Ephraim Lessing: »Hamburgische Dramaturgie«, Erster Band, Drittes Stück (den 8ten Mai, 1767) in: *Werke*, München 1970 ff., S. 244.
92 Fritz Kortner in *Kortner anekdotisch*, a. a. O., S. 186.
93 Immanuel Kant: *Werke in sechs Bänden*. Herausgegeben von Wilhelm Weischedel. Bd. V. Kritik der Urteilskraft und Schriften zur Naturphilosophie. 6. unveränderte Auflage. Wissenschaftliche Buchgesellschaft, Darmstadt 2005, S. 437.
94 Alan Ayckbourn, *Theaterhandwerk*, a. a. O., S. 98.
95 Peter Zadek, *Menschen, Löwen, Adler, Rebhühner*, a. a. O., S. 44.
96 Regine Lutz, *Schauspieler, der schönste Beruf*, a. a. O., S. 87.
97 Peter Zadek, *Menschen, Löwen, Adler, Rebhühner*, a. a. O., S. 51 und S. 53.
98 Ebd., S. 52.
99 Alan Ayckbourn, *Theaterhandwerk*, a. a. O., S. 130.
100 Peter Zadek, *Menschen, Löwen, Adler, Rebhühner*, a. a. O., S. 58.
101 Fritz Kortner in *Kortner anekdotisch*, a. a. O., S. 36.

MERK- UND CHECKLISTEN

Erste Probe (Leseprobe)
Adressen, Telefonnummern und E-Mail-Adressen von allen Beteiligten
Plan mit den Sperrzeiten der Schauspieler
Szenenplan
Auftrittsplan
Modelle vom Bühnenbild
Zeichnungen und Bilder von Kostümen
Kleiderständer
Probenrequisiten/-möbel
Requisitentisch
Probenkostüme/-schuhe
Durchschossenes Textbuch
Weitere Textbücher
Sekundärliteratur
Registerkarten/Haftnotizblock
Schmierpapier/Zettel
Mehrere weiche Bleistifte
Anspitzer und Radiergummi
Klebeband für Markierungen auf der Bühne (in verschiedenen Farben)/Kreide
Durchsichtiges Klebeband für Aushänge
Filzstift zum Beschriften/Edding-Stift
Digitalkamera/Smartphone
Evtl. Abspielgerät oder Laptop für Musik
Handwerkzeug (Schere, Schraubenzieher, Zange, Hammer, Taschenmesser)
Pflaster, Taschentücher, evtl. Hustenbonbons/Aspirin, Erste-Hilfe-Kasten
Wischlappen, kleiner Besen, Küchenrolle, Müllbeutel
Getränke (Kaffee, Tee, Mineralwasser)

Getränkekasse
Becher und Tassen
Regietisch
Tisch für Leseprobe mit genügend Stühlen
Ist der Raum gut zu finden und gut gelüftet?
Sind alle Mobiltelefone ausgeschaltet?

Seien Sie spätestens 30 Minuten vor Probenbeginn im Proberaum und bereiten Sie alles vor!

Erster Durchlauf
Uhr zum Stoppen der Zeit
Block zum Mitschreiben der Regisseurskritik
Mehrere Stifte
Regiepult mit Beleuchtung
Schreibunterlage für Regiebuch
Sind alle wichtigen Abteilungen informiert?
Lichttechnik/Lichtplan erstellt?
Tontechnik/Tonplan mit Musikstücken und Toneinsätzen erstellt?/Sind alle Lautsprecher installiert?
Sind Spezialeffekte vorgesehen? Fachleute informiert?
CD/Playlist auf dem PC mit Musikstücken und Toneinsätzen/Ersatz-CD bzw. Kopie der Play-/Tracklist auf einem USB-Stick und/oder CD
Requisiten mit Namen beschriften
Sind die Requisiten komplett und am richtigen Platz?/Requisitentisch kontrollieren
Evtl. Übergabe von Requisiten hinter der Bühne vereinbaren
Kostüme (kontrollieren, Details klären, z.B. Schmuck und Kleiderbügel evtl. beschriften)
Maske (aufwendige Perücken, Bärte etc. und Verträglichkeiten klären)

Bühnenbild kontrollieren
Umbauplan
Vorhang
Garderoben zuweisen und einrichten
Klären, wo sich die Schauspieler aufhalten
Umzugsorte für schnelle Kostümwechsel einrichten/Ist eine Lampe vorhanden?

Generalprobe

Kopien der Verbeugungsordnung an alle Schauspieler und künstlerischen Mitarbeiter verteilen bzw. Aushänge in den Garderoben
Sind die Originalrequisiten komplett?
Maske, Frisuren, Kostüme, Schmuck – Sitzen Kostüme und Frisuren perfekt? Funktionieren Kostüm- und Maskewechsel?
Sind die Verbrauchsrequisiten aufgefüllt?
Ton (Lautstärkeeinstellung der Ton- und Musikeinsätze überprüfen!)
Licht
Vorhang
Gebrauch von offenem Licht (Streichhölzer, Kerzen, Feuerzeug, Zigarette) oder Feuereffekten (Pyrotechnik) auf der Bühne? Gibt es einen Feuerwehrmann, der Sicherheitswache leistet?
Sind alle Spezialeffekte vorbereitet und funktionieren sie?
Wo sitzen Regisseur und Assistenz?
Findet die Generalprobe mit oder ohne Publikum statt?
Wenn ja, soll es eine Ansage an das Publikum geben?
Wer gibt das Startsignal?
Wer muss eingeladen werden? (Intendanz, Kollegen etc.)

Leisten Sie nur noch Hilfe, wenn es unbedingt notwendig ist!

Abstecher und Tourneen
Sollte man bei einer kleinen Produktion für Requisiten und Kostüme zuständig sein, ist folgendes zu beachten:
Reichen die Requisiten bis zur letzten Tourneevorstellung?
Sind genügend Kisten und Verpackungsmaterial vorhanden?
Gibt es genügend Kleiderkisten? Sind diese hoch genug für lange Kleider?
Sind die Kisten beschriftet, damit die Techniker wissen, welche auf die Bühne und welche in die Garderobe gehören?
Gibt es für wichtige Kleidungsstücke Ersatz, damit gewaschen werden kann?
Gibt es genügend Kleiderbügel und Aufbewahrungsmöglichkeiten für Perücken? Reisen Bügelbrett und Bügeleisen mit?

Ein Assistent spricht im Vorfeld mit den Bühnen- und Beleuchtungsmeistern der Produktion über die Gegebenheiten der Bühne vor Ort und sucht gemeinsam nach Lösungen.
Welche Möglichkeiten sind vorhanden, um das Stück 1:1 dort auf die Bühne zu stellen?
Gibt es Veränderungen? (Gibt es einen Schnürboden, Versenkungen, Vorbühnenauftritte etc.)
Muss man das Stück an manchen Stellen uminszenieren?
Extraproben oder Verständigungsprobe (30 Minuten bis eine Stunde vor Aufführung) mit dem gesamten Ensemble mit einplanen! (Gibt es veränderte Auftritte, Umbauten etc.?)
Sind der Inspizient, die Requisite, Maske, Ankleider (für veränderte schnelle Umzüge), Technik, Beleuchtung darüber informiert?
Gibt es Ersatz für das Technikbuch bzw. für die Musik-CD/Playlist auf dem PC?
Ist die Tourneeleitung bzw. die Abendspielleitung angelernt worden?

THEATERBEGRIFFE

Abendregie/Abendspielleitung ist die künstlerisch-organisatorische Vorbereitung und Überwachung der Einzelvorstellung, im Unterschied zur Regelung ihres technischen Ablaufs, für die der **Inspizient** zuständig ist. Im Regelfall ist der Abendspielleiter derjenige Regieassistent, der die Probenphase des Stückes betreut hat. Auf einer Tournee übernimmt die Aufgabe meist der Hauptdarsteller. Der Abendregisseur/-spielleiter hat sich um den kompletten Ablauf der Vorstellung zu kümmern, einschließlich der Betreuung der Darsteller. Er muss eventuelle Einspringer in die Inszenierung einweisen und die Einrichtung der Inszenierung an einem neuen Spielort überwachen. Er ist auch Ansprechpartner für die Kollegen des Abstechertheaters vor Ort.

Alternieren bedeutet, zwei Schauspieler wechseln einander in einer Rolle ab. Einen Abend spielt der eine die Rolle, am nächsten Abend der andere.

Anspielen heißt, die Aufmerksamkeit auf der Bühne auf etwas/jemanden zu richten.

Auf Anschluss spielen heißt, zwischen dem Satz des Vorgängers und dem eigenen Text keine Pause zu machen.

Auf den Punkt sprechen bedeutet, die Melodie des Satzes nach unten zu führen. Die Stimme geht runter.

Ein **Ausbruch** ist eine emotionale Explosion, oft laut und mit großer Körperbewegung.

Beiseitesprechen (A-part-Sprechen) meint, die Bühnenfigur sagt etwas, das ihre Partner nicht mitbekommen sollen, wohl aber das Publikum.

Ein **Bergfest** wird gefeiert, wenn die Hälfte einer geplanten Vorstellungsserie erreicht ist.

Blackout meint 1. das schlagartige, komplette Verlöschen der Scheinwerfer am Ende einer Szene (Ggs.: s. **Fade out**). 2. ein Textaussetzer (vorübergehender Gedächtnisverlust).

Bühnenaussprache: von Sprachforschern und Bühnenleitern Ende des 19. Jahrhunderts geschaffene und von Theodor Siebs als »Deutsche Hochsprache« 1898 festgelegte dialektfreie Aussprache der deutschen Hochsprache.

Ein **Bühnentuch** verdeckt in vielen Bühnenbildern den hölzernen Bühnenboden. Meist ist es aus starkem Stoff, der bemalt sein kann.

Charge ist eine Nebenrolle mit meist einseitig überzeichnetem Charakter.
Wenn jemand **chargiert**, dann trägt er zu dick auf, er übertreibt die Darstellung.

Ein **Dermatograph** ist ein weichzeichnender, sehr pigmentreicher und haltbarer Konturenstift.

Dernière (frz. letzte) ist die letzte Darbietung einer Inszenierung an einem Spielort (Ggs.: s. **Premiere**).

Diäten sind Tagespauschalen für Schauspieler auf Abstechern zu anderen Bühnen in der Umgebung oder auf einer Tournee.

Bei einer **Doppelbesetzung** wird eine Rolle mit zwei Schauspielern besetzt. Entweder als Reserve, Stilmittel oder weil von vorneherein feststeht, dass die eigentliche Besetzung nicht alle Vorstellungen spielen kann.

Durchlauf/Durchlaufprobe: Probe eines längeren Szenenabschnitts oder eines ganzen Stücks ohne Unterbrechung.

Ein **durchschossenes Exemplar** ist ein mit Leerpapier zwischen den einzelnen bedruckten Blättern versehenes Buchexemplar, um handschriftliche Ergänzungen bzgl. Spielanweisungen und Rollenbesetzung vornehmen zu können.

Drübersetzen oder **druntersetzen** bedeutet, dass man in Lautstärke oder Intensität versucht, stärker oder schwächer zu sein als sein Gegenüber.

Der **eiserne Vorhang** ist kein Vorhang, sondern ein großes Metalltor, das Zuschauerraum vom Bühnenraum trennt und sich im Brandfall von oben vor dem Hauptvorhang herabsenkt.

En suite (frz. in der Folge, nacheinander): Aufführung ein und desselben Stücks in ununterbrochener Folge über einen bestimmten Zeitraum. (Ggs.: s. **Repertoire**).

Epilog: Nachrede, Schlussrede an die Zuschauer am Ende des Stückes (Ggs.: s. **Prolog**).

Die **Erstaufführung** ist die erste Aufführung eines Bühnenwerks in einem Land oder in einer bestimmten Sprache.

Extemporieren bedeutet, eine improvisierte Einlage auf der Bühne zu geben und aus dem Stegreif, ohne Vorbereitung zu reden oder zu musizieren. Wenn ein Schauspieler **extemporiert**, dann z. B. um Fehler oder Hänger zu überbrücken, aber auch um aktuelle Geschehnisse ins Stück einzubauen.

Fade-out: Licht oder Lautstärke werden langsam heruntergezogen bzw. ausgeblendet. (Ggs.: s. **Blackout**)

Die **Fallhöhe** ist ein dramentheoretischer Begriff für den Fall des Helden in der Tragödie.

Ein **falscher Abgang** bedeutet, dass der Schauspieler so tut, als ob er die Bühne verlässt, aber aus irgendeinem Grund schafft es die Figur nicht und kommt wieder. In Komödien kann das auch mehrmals sein.

Faulenzer nennt man ein Bühnengewicht.

Fundus ist der Ort, an dem die Requisiten, Kostüme und jede Menge Dekorationsteile aufbewahrt werden.

Gaffa-Tape ist ein stabiles, stark klebendes, aber von Hand reißbares Klebeband, das Bühnenarbeiter zur schnellen Fixierung von Kabeln und ähnlichen Arbeiten besonders schätzen.

Die **Generalprobe** ist die meist ohne Unterbrechung ablaufende letzte Probe vor der Premiere im Theater.

Der Begriff **Hänger** ist zweideutig. So nennt man entweder eine Stelle, an der der Schauspieler seinen Text nicht mehr weiß, oder ein Stück Vorhang, das Teil der Dekoration ist.

Hauptrolle: Figur, die die Handlung maßgeblich vorantreibt. (Ggs.: s. **Titelrolle**).

Heiße Probe: Probe unter Live- bzw. Aufzeichnungsbedingungen. (Ggs.: s. **Kalte Probe**).

Die **Hinterbühne** ist der Bühnenbereich hinter der Dekoration.

Eine **Hosenrolle** ist eine von einer Frau gespielte Männer- oder Knabenrolle.

Ein **Hund** ist in der Theatersprache ein Wagen mit vier Rollen zum Transport von schweren oder sperrigen Gegenständen.

Der **Inspizient,** Bindeglied zwischen Kunst und Technik, ist für den reibungslosen Ablauf der Vorstellung verantwortlich. Er ruft die Schauspieler zu ihren Auftritten (»Herr X noch eine Minute bis zum Auftritt!«) und gibt den Bühnentechnikern Zeichen für Umbauten, den Tontechnikern den Einsatz für Einspielungen, den Beleuchtern den Zeitpunkt für Lichtwechsel sowie die Befehle zum Ziehen und Schließen des Vorhangs. Er sorgt für einen pünktlichen Anfang und löst die Klingelzeichen zum Einruf des Publikums an seinem Pult aus. Sollte der Regisseur, der Dramaturg oder der Assistent diese Aufgabe übernehmen, nennt man es auch liebevoll Stallwache.

Kalte Probe: Probe entweder ohne oder nur mit einem Teil der Technik. (Ggs.: s. **Heiße Probe**)

Klappsätze sind kurze, ähnlich klingende Sätze, die sich die Partner in einem raschen Tempo zuwerfen.

Ein **Komparse** hat im Gegensatz zum **Statisten** geringfügig individuellere Rollen und manchmal auch etwas Text.

Laiendarsteller (auch Laienschauspieler) sind Darsteller, die das Schauspiel nicht hauptberuflich ausüben, keine Schauspielausbildung abgeschlossen haben und das Schauspielen als Hobby ausüben, dabei jedoch beachtliche Leistungen vollbringen können.

Die **Leseprobe** ist die erste Probe, auf der alle Darsteller erstmals zusammenkommen und den Stücktext in ihren jeweiligen Rollen laut vorlesen. Der Regisseur stellt (oft zusammen mit Kostüm- und Bühnenbildner) erste Ideen zur Inszenierung vor.

Wenn ein Regisseur behauptet, ein Stück sei **linkslastig oder rechtslastig**, dann wird eine Seite der Bühne zu viel bespielt.

Wenn jemand während der Proben **markiert**, dann deutet er die Rolle nur an, z. b. für eine Lichtprobe oder bei einer Stellprobe für eine Umbesetzung. Es gibt auch oft die Bitte, etwas **nur technisch** zu machen oder »ohne Talent«, was dasselbe bedeutet. Bei großen Produktionen werden bei Lichtproben die Schauspieler oft durch Assistenten oder Hospitanten ersetzt.

Mastix ist ein Klebemittel, bestens geeignet, alle Latex- und Haarteile, wie Schnurrbärte, Koteletten und Bärte, lang anhaltend auf der Haut zu befestigen.

Ein **Neger** ist ein Plakat oder ein Stück Karton, auf dem an einer für den Zuschauer nicht einsehbaren Stelle der Text für die Schauspieler draufsteht.

Die **Nullgasse** ist der Bühnenstreifen zwischen Rampe und Dekoration. Er darf nicht bebaut werden. Seitlich der Nullgasse sitzen in der Regel die Feuerwehrleute, die vor allem bei Gebrauch von offenem Licht oder Feuereffekten auf der Bühne Sicherheitswache leisten. Sollte es zum Hintergrund der Bühne weitere **Gas-**

sen in den Kulissen für Auftritte geben, zum Beispiel zwischen verschiedenen Dekorationswänden, werden die entsprechend nummeriert.

Wenn jemand **outriert**, dann übertreibt er unerträglich, meist aus Unvermögen. Es kann natürlich auch in Ausnahmefällen so gewollt sein.

Als **passive Bewegung** bezeichnen Regisseure Bewegungen, die automatisch gemacht werden, wie zum Beispiel das Absenken eines winkenden Armes, sobald der Abreisende außer Sichtweite ist. Auch Ticks, wie Zupfen an den Haaren oder nervöses Klimpern, gehören zu den passiven Bewegungen.

Ein **Planned Break Up** ist eine geprobte und geplante Unterbrechung des Stückes, die für den Zuschauer wie eine Panne wirkt.

Die **Premiere** (frz. erste) ist die erste Aufführung einer Theaterinszenierung vor Publikum (Ggs.: s. **Dernière**).

Prolog: Einleitung, Vorrede oder Vorwort zu Stückbeginn. (Ggs.: s. **Epilog**)

Die **Rampe** ist die vordere, erhöhte Abgrenzung der Theaterbühne zum Zuschauerraum.

Ein **Repertoiresystem** haben Theater, die ein dauerhaft engagiertes Ensemble besitzen, mit dem sie mehrere Inszenierungen über Monate oder Jahre hinweg im **Repertoire** behalten können, wobei die Besetzungen meist gleich bleiben.

Rücksetzer sind perspektivisch gemalte Wände oder vergrößerte Fotografien, die als Hintergrundbild verwendet werden, um den

Blick auf die Hinterbühne, z. B. durch geöffnete Fenster und Türen, zu verhindern.

Schmierentheater ist ein abwertender Begriff für oberflächlich und nicht sorgfältig gemachtes Theater mit chargierenden Darstellern. Meist trägt der Schauspieler zu dick auf, um sich oder seine Rolle in den Vordergrund zu spielen.

Schnürboden ist die Bezeichnung eines Oberbodens über der Bühne oder einer Arbeitsgalerie seitlich der Bühne, an der in historischen Theatern die Aufhängeseile festgeschnürt wurden. Heute heißt der begehbare Bereich, hoch über der gesamten Bühne, **Rollenboden**. Er ist benannt nach den vielen Rollen, über die all die Drahtseile zusammenlaufen, die die Prospektstangen tragen. Der Schnür- oder Rollenboden ist Teil der Obermaschinerie.

Auf Tourneen werden **Seitenfeste** gefeiert, d. h. die Vorstellungen auf einer Seite des Tourneeplans wurden gespielt.

Spitze oder **Kopflicht** bedeutet, dass der Leuchtkegel eines Scheinwerfers über der oder knapp hinter die beleuchtete Person strahlt. Damit soll der Schatten möglichst klein gehalten werden.

Statisten sind Darsteller ohne tragende, individuelle Rollen. Sie agieren vornehmlich in der Menge und sorgen für ein überzeugendes Hintergrundbild.
Der **Statistenführer** organisiert an größeren Theatern ihren Einsatz.

Stellprobe: Probe, bei der die Stellungen der Schauspieler auf der Bühne, ihre Auftritte und Abgänge festgelegt und eingeübt werden.

Das **Stichwort** ist das als Einsatzpunkt bzw. Auftrittszeichen vereinbarte Wort eines Schauspielers. Es gibt Stichworte für Auftritte, für den Einsatz von Requisiten, Toneinsätzen etc.

Striche sind gestrichene Stellen im Originaltext, um das Stück zu kürzen, aus interpretatorischen Gründen oder zur Akzentsetzung (s. **Strichfassung**).

Strichfassung: Festlegung der Kürzungen, die sich im Probenverlauf immer wieder ändern kann.

Tingeln (abwertend, umgangssprachlich) meint, als Künstler an verschiedenen Orten, meist kurz und ohne festes Engagement, aufzutreten.

Die mit dem Titel eines Theaterstücks übereinstimmende Rolle (z. B. Wilhelm Tell in *Wilhelm Tell*; Götz in *Götz von Berlichingen*) nennt man **Titelrolle**. Die Titelrolle ist nicht unbedingt die Hauptrolle eines Theaterstücks.

Mit **Ton abnehmen** ist gemeint, dass der eine Schauspieler die Haltung oder Stimmung seines Gegenübers übernimmt. Meist geht es darum, das Abnehmen des Tones zu vermeiden, weil sich beide Kontrahenten in unterschiedlicher Verfassung befinden.
Ein **Umatmer** ist ein bewusstes Einatmen zur Einleitung eines neuen Gedankens oder einer neuen Idee.

Die **Uraufführung** ist die erste öffentliche Theateraufführung eines Bühnenwerks (s. **Erstaufführung** und **Premiere**).

Bei einer **Umbesetzung** wird eine Rolle umbesetzt, d. h. der Darsteller der Rolle wird ausgewechselt, doch die Inszenierung des Stücks bleibt gleich.

Die **Verbeugungsordnung** (auch Applausordnung) regelt, wer, wann und mit wem sich verbeugen soll, mit Sonderregeln für die Premiere. Bei der Premiere verbeugen sich in der Regel alle Mitwirkenden, auch die Komparsen und Kinderdarsteller.

Der **Verfolger** oder **Spot** ist ein Scheinwerfer mit stark gebündeltem Lichtkegel, der manuell bedient wird und den Schauspieler mit seinem Lichtkegel verfolgt, zum Beispiel bei Gesangseinlagen.

Verlagern bedeutet, das Körpergewicht von einem Bein aufs andere zu verlegen. Kann zum Beispiel wichtig sein, wenn danach eine choreographierte Schrittfolge folgt.

Kleinere, bewegliche, versetzbare Teile der Bühnenausstattung nennt man **Versatzstücke**, zum Beispiel Treppen, Bäume, Mauern und Felsen.

Eine **Voraufführung** ist eine Vorstellung mit Publikum vor der Premiere, um zum Beispiel Reaktionen zu testen. (s. **Generalprobe**)

Jemand, der einen Satz **wegsprechen** soll, soll ihn vor sich hin oder eher beiläufig sagen.

Eine **Wiederaufnahme** bedeutet, dass man eine alte Inszenierung nach einer Aufführungspause wieder eine kurze Zeit probt und dann auf den Spielplan setzt.

THEATERJARGON

Zum Schluss noch ein paar umgangssprachliche Ausdrücke und Grundbegriffe, die auf fast jeder Probe vorkommen und deren Kenntnis vor allem am Anfang das Verständnis erleichtert.

Wenn Schauspieler davon sprechen, dass doch der **Lappen hoch** soll, dann meinen sie den Vorhang. Wenn die Schauspieler **Vorhänge schinden**, dann sorgen sie dafür, dass der Vorhang beim Applaus so schnell wieder aufgezogen wird, dass die Zuschauer nicht aufhören können zu klatschen. **Auf d' Nacht, Herr Direktor** heißt ungefähr so viel, wie »das kann ja heiter werden«. Dem **Affen Zucker geben** oder **dick auftragen** bedeutet, dass einer übertrieben spielt und seine Rolle ausbaut. Eine **Rampensau** ist ein Schauspieler, der sich entgegen der Inszenierung in den Vordergrund spielt. Angespornt wird er vor allem in Komödien mit dem Spruch **Dezenz ist Schwäche** und **Lieber einen guten Freund verlieren als einen Gag auslassen**. Und wenn einer **eine Kiste aufmacht**, dann spielt er etwas zu sehr aus. Wenn jemand **sich einen Wolf spielt**, dann strengt er sich an. Meistens ist das die Aufforderung an die anderen Kollegen, sich während des Stückes mehr zu engagieren.

Mit **Wurz'n** meint ein Schauspieler eine kleine, unbedeutende Rolle, meist mit dem Zusatz, dass er so etwas nicht spielt. Ein **Sklave** ist ein Scheinwerferstativ, und ein **Nudelbrett** meint eine besonders kleine Bühne.

Wenn alle von **BE** reden, ist das Berliner Ensemble gemeint. Die **Burg** ist das Kürzel für das Wiener Burgtheater, wohingegen die **Kammerspiele** in verschiedenen deutschen Städten stehen können. Die **Shakespeare-Company** ist in Bremen zu Hause, aber die **Royal Shakespeare Company** hat ihren Hauptsitz in Stratford-upon-Avon in England. Das **Max-Reinhardt-Seminar** ist eine

Schauspielschule in Wien, das **Thalia** ist ein Theater in Hamburg und den **Iffland-Ring** (ein Fingerring mit dem Bild des Schauspielers August Wilhelm Iffland, der von seinem Träger testamentarisch an den seiner Meinung nach würdigsten deutschsprachigen Schauspieler weitergereicht wird) besitzt seit 1996 Bruno Ganz. Die **Hamburgische Dramaturgie** ist von Gotthold Ephraim Lessing und ist eine der ersten grundsätzlichen Überlegungen zur Dramentheorie und zum Theater. Und **Fritz Kortner** ist ein berühmter österreichischer Theaterschauspieler und Regisseur, von dem es so viele Anekdoten und Aussprüche gibt, dass ganz sicher ein Mitspieler eine Auswahl von Zitaten in den Pausen zum Besten gibt.

Anekdoten in **sächsischer Mundart** haben nach der Wende stark nachgelassen, da das Original unzweifelhaft um Klassen besser ist, als so mancher in der Mundart dilettierende Schauspieler. Der bekannteste Sachse der Theaterliteratur ist Theaterdirektor Emanuel **Striese** aus dem **Raub der Sabinerinnen***, der Prototyp des Direktors eines Schmierentheaters.

Wenn jemand **unter Herrn XY** gespielt hat, dann meint der den Intendanten oder Schauspieldirektor. Nur wenn er den Regisseur sehr bewundert, sagt man auch mal **ich habe unter Regisseur X gespielt. Mit Regisseur X gearbeitet** bedeutet, man hat zusammen etwas Großes erschaffen.

Schauspieler sprechen schon mal von **Wolfgang**, wenn sie Goethe meinen, und nennen Herrn v. **Kleist** schlicht **Heinrich**. Beliebt ist auch, berühmte Kollegen beim Vornamen zu nennen. Bei **Mario** und **Catherine** muss man ein bisschen überlegen, bis man versteht, dass der sich in Szene setzende Schauspieler **Mario Adorf** bzw. **Catherine Deneuve** meint.

---

* Die Komödie *Raub der Sabinerinnen* der Brüder Franz und Paul Schönthan aus dem Jahre 1884 ist eine Parodie auf ein Schmierentheater. A. d. Vlg.

THEATERWITZE

Hier eine Auswahl der schönsten Theaterwitze von Autoren, Dramaturgen, Schauspielern und Regisseuren für die Probenpausen:

Jesus mit zwei Kritikern am See Genezareth. Er geht übers Wasser. Sagt der eine Kritiker: »Schwimmen kann er nicht…«, …und der andere: »… und segeln auch nicht!«

Ein Stückeschreiber besucht einen Kritiker. Der öffnet die Tür und hält einen Riesenhaufen Scheiße in der Hand: »Guck mal, hier wäre ich beinahe reingetreten.«

Eine Gruppe von Schauspielern hat sich mit einem Heißluftballon verflogen. Da sehen sie eine einsame schwarzgekleidete Gestalt über die Wiesen wandern und schweben zu ihr herunter, um nach dem Weg zu fragen. »Entschuldigen Sie bitte, können Sie uns sagen, wo wir hier sind?« – Die Person schaut sie lange an, überlegt und antwortet: »In einem Heißluftballon.« Da sagt einer der Schauspieler zu den anderen: »Das muss ein Dramaturg sein.«

Das Telefonbuch ist das beste Theaterstück. Wahnsinnig langweilig, aber eine tolle Besetzung.

Geht ein Schauspieler an einer Kneipe vorbei.

Sagt der eine Schauspieler zum anderen: »In dem Theater würde ich nie spielen – es sei denn, die machen mir ein Angebot.«

Treffen sich zwei Haifische. Sagt der eine: »Ich hatte gestern einen Schauspieler zum Frühstück!« – »Und«, sagt der andere, »wie hat er geschmeckt?« – »Super! Kein Rückgrat und sooooo 'ne Leber!«

Ein Wiener Schauspieler hängt. Er geht auf die Souffleursloge zu und sagt: »Geh, Fräulein, machen S' aus dem Scheiß doch kein Geheimnis.«

»Was sind Sie eigentlich von Beruf?« – »Schauspieler!« – »Nein, nein, ich meine, was machen Sie tagsüber!«

Gehen *zwei* Schauspieler an einer Kneipe vorbei.

Treffen sich zwei Schauspieler. Sagt der eine: »Du, ich hab dich gestern in der U-Bahn gesehen.« – »Und«, sagt der andere, »wie war ich?«

Ein Schauspieler wird nach dem Geheimnis seiner glücklichen Ehe gefragt. »Das ist doch ganz einfach«, erklärt er, »wir lieben mich beide bis zum Wahnsinn.«

Ein Fan kondoliert einem Schauspieler nach der Beerdigung von dessen Frau. Sagt der Fan: »Ich habe Sie so bedauert, wie Sie in der Kirche gelitten haben.« – »Da hätten Sie mich mal«, sagt der Schauspieler, »am offenen Grab erleben sollen.«

Zwei Schauspieler auf der Bühne. Der eine soll schießen, schießt aber nicht. Der andere fällt trotzdem tot um. In der Pause sagt der eine zum andern: »Ich weiß, du hattest die Pistole vergessen, aber keine Angst, ich habe das schon überspielt.«

Sagt ein Schauspieler: »Jetzt haben wir den ganzen Abend nur von mir geredet. Jetzt reden wir mal von dir. – Wie fandest du mich denn gestern?«

Kommt ein Schauspieler zum Arzt. Sagt der Arzt: »Sie haben noch drei Wochen zu leben!« Antwortet der Schauspieler: »Wovon, Herr Doktor, wovon?!«

Sagt der Theaterdirektor zur Nachwuchsschauspielerin: »Wenn ich die Rolle einer älteren Dame zu besetzen habe, rufe ich Sie an.« – »Aber ich bin doch noch gar nicht so alt«, protestiert sie. Meint der Direktor: »Warten Sie mal ab, bis ich Sie anrufe ...«

»Warum ist denn unsere Diva heute so verärgert?«, fragt der Bühnenarbeiter seinen Kollegen. »Sie hat doch acht Blumensträuße bekommen.« – »Das schon, aber sie hatte zehn bestellt!«

Fritz Kortner: »Wo ist denn der Schauspieler?«
»Auf der Toilette!«
»Kinder, das erledigt man Anfang der Woche.«

Zweiter Mime: »Morgen habe ich einen Funk ... Kinderstunde ... Schneewittchen ... Ich spiele einen Zwerg ...«
Erster Mime: »Welchen?«
Zweiter Mime: »Den vierten ...«
Erster Mime: »Wie legst du ihn an?«
Zweiter Mime: »Hintergründig ...«*

Der Schauspieler macht's oder er macht's doch.

LITERATUR

Christiane Altenburg/Ingo Fließ (Hg.), *Jenseits von Hollywood. Drehbuchautoren über ihre Kunst und ihr Handwerk. Essays und Gespräche*, Frankfurt am Main 2000

Arbeitsgemeinschaft für Amateurtheater, *theater spiel. Protokolle*, Band 1 und Band 2, Aachen 1984 bzw. 1985

Aristoteles, *Poetik*, Reclam, Stuttgart 1982

Alan Armer, *Das Lehrbuch der Film- und Fernsehregie*, Frankfurt 2000

Alan Ayckbourn, *Theaterhandwerk. 101 selbstverständliche Regeln für das Schreiben und Inszenieren*, Berlin 2006

Tony Barr, *Acting for the Camera: Schauspielen für Film und Fernsehen. Techniken und praktische Tips für Anfänger und Profis*, Köln 2001

Karl Blanck und Heinz Haufe: *Unbekanntes Theater. Ein Buch von der Regie*, Stuttgart 1943

Richard Blank, *Schauspielkunst in Theater und Film – Strasberg, Brecht, Stanislawski*, Berlin 2001

Manfred Brauneck, *Theater im 20. Jahrhundert. Programmschriften, Stilperioden, Reformmodelle*, Reinbek 1982

Bertolt Brecht, *Über den Beruf des Schauspielers*, Frankfurt am Main 1970

Peter Brook, *Der leere Raum,* Berlin 1983

Peter Brook, *Das offene Geheimnis,* Berlin 2012

Michael Caine, *Weniger ist mehr. Kleines Handbuch für Filmschauspieler*, Berlin 2005

Denis Diderot, *Das Paradox über den Schauspieler*, Leipzig 1964

Duden, Das Aussprachewörterbuch. Bibliographisches Institut, Mannheim

Gerhard Ebert/Rudolf Penka (Hg.), *Schauspielen. Handbuch der Schauspieler-Ausbildung*, Berlin 1985

Dario Fo, *Kleines Handbuch des Schauspielers*, Frankfurt am Main 1989

Julian Friedmann, *Unternehmen Drehbuch. Drehbücher schreiben, präsentieren, verkaufen*, Bergisch-Gladbach 1999

Gudrun Gallasch, *Close-up*, Gerlingen 2002

Alexandra Garaventa, *Regietheater in der Oper*, München 2006.

Heinz Herald, *Max Reinhardt. Bildnis eines Theatermannes*, Hamburg 1953

Peter Iden, *Regie im Theater: Jürgen Flimm*, Frankfurt 1996

Jahrbuch *Theater heute,* Berlin 2009

Literatur

Keith Johnstone, *Improvisation und Theater*, Berlin 2018 (14. durchgesehene und überarbeitete Aufl.)

Keith Johnstone, *Theaterspiele. Spontaneität, Improvisation und Theatersport*, Berlin 2018 (10. aktualisierte Aufl.)

Immanuel Kant: *Werke in sechs Bänden*. Herausgegeben von Wilhelm Weischedel. Bd. V. »Kritik der Urteilskraft und Schriften zur Naturphilosophie«, 6. unveränderte Auflage. Wissenschaftliche Buchgesellschaft, Darmstadt 2005

Walter Kaufmann, *Tragödie und Philosophie*, Tübingen 1980

Ulrich Khuon (Hg.), *Beruf: Schauspieler: Vom Leben auf und hinter der Bühne*, Hamburg 2005

Gotthold Ephraim Lessing, *Werke*, München 1970 ff.

Konrad Kuhnt/Gerd Meißner (Hg.), *Alles Theater – Schauspieler werden, aber wie?*, Reinbek 1987

Claus Landsittel (Hg.), *Kortner anekdotisch*, München 1967

Jacques Lecoq, *Der poetische Körper*, Berlin 2012 (3. erweiterte Aufl.)

Regine Lutz, *Schauspieler, der schönste Beruf – Einblicke in die Theaterarbeit*, München 1993

Michael Maak, *Comedy – 1000 Wege zum guten Gag*, Berlin 2007

David Mamet, *Richtig und Falsch. Kleines Ketzerbrevier für Schauspieler*, Berlin 2001

Inge Moossen, *Theater als Kunst – Sinn und Unsinn des Stanislawski-Systems*, Frankfurt am Main, 1993

Werner Müller, *Spielmann, Clown, Theatermacher. Körpertheater*, München 1994

Yoshi Oida, *Der unsichtbare Schauspieler*, Berlin 1998

Yoshi Oida, *Die Tricks eines Schauspielers*, Berlin 2009

Elena Iwanowna Poljakowa, *Stanislawski. Leben und Werk des großen Theaterregisseurs*, Bonn 1981

Jens Roselt, *Seelen mit Methode. Schauspieltheorien vom Barock- bis zum postdramatischen Theater*. Berlin 2009

Jens Roselt, *Regietheorien. Regie im Theater. Geschichte – Theorie – Praxis*. Berlin 2014

Michael Rossié, *Sprechertraining*, Berlin 2009

Friedemann Schulz von Thun, *Miteinander reden*, 3 Bde., Bd. 2: *Stile, Werte und Persönlichkeitsentwicklung. Differentielle Psychologie der Kommunikation*, Reinbek 1989

Oliver Schütte, *Die Kunst des Drehbuchlesens*, Bergisch-Gladbach 1999

Literatur

Oliver Schütte, »*Schau mir in die Augen*« – *Die Kunst der Dialoggestaltung*, Bergisch Gladbach 2002
Theodor Siebs, *Deutsche Aussprache. Reine und gemäßigte Hochlautung mit Aussprachewörterbuch*. Hrsg. von Helmut de Boor u. a. 19., umgearb. Auflage, Berlin 1969
Lothar Schwab/Richard Weber (Hg.), *Theaterlexikon*, Frankfurt am Main 1991
Konstantin S. Stanislawski, *Die Arbeit des Schauspielers an sich selbst*, Bd. 1, Berlin 1981
Konstantin S. Stanislawski, *Die Arbeit des Schauspielers an der Rolle*, Berlin 2001 (3. Aufl.)
Konstantin S. Stanislawski, *Mein Leben in der Kunst*, Berlin 1987
Lee Strasberg, *Ein Traum der Leidenschaft*, München 1988
Lee Strasberg, *Schauspielen & Das Training des Schauspielers*, herausgegeben von Wolfgang Wermelskirch, Berlin 1988
Lee Strasberg, *Das Schauspieler-Seminar*, Schauspielhaus Bochum, herausgegeben vom Schauspielhaus Bochum, Redaktion Jakob Jenisch, Bochum 1979
Bernd C. Sucher, *Nichts als Theater. Ein Lesebuch*, München 1994
François Truffaut, *Mr. Hitchcock, wie haben Sie das gemacht?*, Gespräch zum Thema »Suspense«. Aus dem Französischen von Frieda Grafe, München 1997
Michael Tschechow, *Werkgeheimnisse der Schauspielkunst*, Zürich 1992
Anton Tschechow, *Briefe 1889–1892*, herausgegeben von Peter Urban, Zürich 1979
Judith Weston, *Schauspielerführung in Film und Fernsehen*, Frankfurt am Main 2002 (2. Aufl.)
Anne-Kathrin Wilde, *Denn ohne Stress keine Evolution. Auch nicht im Theater*, München 2009.
Karl Voß, *Theater Spiel*, Bd.4, *Theater Selbermachen, ein erster Schritt*, Aachen 1986
Ruth Wyneken, *Regie im Theater: Anatol Wassiljew*, Frankfurt am Main 1993
Peter Zadek, *Menschen, Löwen, Adler, Rebhühner. Theaterregie*, Köln 2003

DANK

Als Erstes vor allem vielen, vielen Dank an Christin Heinrichs-Lauer vom Alexander Verlag Berlin, die mit viel Liebe, Energie und Sachverstand gekürzt, bearbeitet und ergänzt hat. Die Zusammenarbeit mit ihr hat das Buch sehr verbessert. Außerdem hat sie von Anfang an geglaubt, dass dieses Buch seine Leser finden wird. Und da waren wir dann schon zwei. Außerdem danke ich Katharina Broich für die akribische Recherche.

Danke an Ina Bleiweiß für die liebevolle Durchsicht und die vielen guten Tipps, und danke an Norbert Skowronek, den Leiter der Autorenschule Berlin.

Danke an Margrit Kempf für ihr Vertrauen und dass Sie mich so oft hat einfach machen lassen, und an Gerd Reihl für die jahrelange gute Zusammenarbeit.

Danke an Gerda Daners für die vielen Theatergeschichten und unsere langen Gespräche, und an Uschi Wergin für ihre Ruhe bei den vielen Abenteuern im Tourneebus.

Danke an die Schauspielschule Ruth v. Zerboni, in der ich so viele Jahre Lernender und Lehrender zugleich sein durfte.

Danke an Celino Bleiweiß, an Regine Lutz, an Thomas Weber-Schallauer, an Dagmar Hessenland und Sharon v. Wietersheim. Von ihnen habe ich sehr viel über Theater und Regie gelernt.

Auch vier Menschen, die schon tot sind, möchte ich danken: Hilde Brüninghaus, Margrit Weiler, Harald Schreiber und Ruth v. Zerboni. Sie würden sich lachend an vielen Stellen in diesem Buch wiederfinden. Danke für alles.

Und vor allem danke an meine Frau Barbara, für ihre Inspiration, ihre Hilfe, ihre bedingungslose Unterstützung und dass sie sich manches Kopfschütteln verkniffen hat, wenn ich nachts an diesem Buch saß.

Michael Rossié

THEATERLITERATUR IM ALEXANDER VERLAG BERLIN

ALAN AYCKBOURN
Theaterhandwerk
101 selbstverständliche Regeln zum Schreiben und Inszenieren

PETER BROOK
Der leere Raum

*

Zwischen zwei Schweigen
Gespräche mit Peter Brook

*

Das offene Geheimnis
Gedanken über Schauspielerei und Theater
Mit einem Nachwort von Hans-Thies Lehmann

DECLAN DONNELLAN
Der Schauspieler und das Ziel
Ängste und Blockaden überwinden

KEITH JOHNSTONE
Improvisation und Theater

*

Theaterspiele
Spontaneität, Improvisation und Theatersport

JACQUES LECOQ
Der poetische Körper

DAVID MAMET
Richtig und Falsch
Kleines Ketzerbrevier für Schauspieler

SANFORD MEISNER/DENNIS LONGWELL
Schauspielen. Die Sanford-Meisner-Methode

JENS ROSELT
Seelen mit Methode
Schauspieltheorien vom Barock- bis zum postdramatischen Theater

*

Regietheorien. Regie im Theater
Geschichte – Theorie – Praxis

MELANIE HINZ/JENS ROSELT (HG.)
Chaos und Konzept
Proben und Probieren im Theater

MICHAEL TSCHECHOW
Lektionen für den professionellen Schauspieler

*

Der Schauspieler ist das Theater
New Yorker Vorträge 1942

MICHAEL SHURTLEFF
Erfolgreich Vorsprechen

LEE STRASBERG
Schauspielen & Das Training des Schauspielers

IVANA CHUBBUCK
Die Chubbuck-Technik (The Power of the Actor)
Ein Schauspiel-Lehrbuch

www.alexander-verlag.com